Brigitte Gisel / Heiner Keller

Die schönsten Langlaufloipen entdecken

Oertel + Spörer

Bildnachweis
Umschlag: **Brigitte Gisel** und **Heiner Keller**
Brigitte Gisel: Seite 1; 6/7; 10; 12 (Bilder 1,2) 18 (Bilder 1-6); 33; 38 (Bilder 1-6); 43; 44 (Bilder 1-3); 50/51; 55; 59 (Bilder 4-6); 64/65 (Bilder 1,3,4); 70/71 (Bilder 1-6); 76/77 (Bilder 3,4,6); Seite 104 (Bilder 2,3); 114/115 (Bilder 1-6); 119; 124
Heiner Keller: Seite 58 (Bilder 1-3); 63; 64/65 (Bilder 2,5,6); 69; 75; 76/77 (Bilder 1, 5); 82 (Bilder 1-3); 87; 91; 96; 98/99 (Bilder 1-6); 103
Petra Schöbel: Seite 104 (Bild 1); 109; 113
Michael Merkle: Seite 76 (Bild 2)
Jürgen Rahmig: Seite 45 (Bilder 4-6)
Stadt Albstadt: Seite 12/13 (Bilder 3-6)
Gemeinde Sonnenbühl: Seite 24 (Bilder 1-3)
Stadt Burladingen: Seite 18/19 (Bilder 2,3,6)

Kartografie
Anneli Nau, München

2., überarbeitete Auflage 2014
Postfach 16 42 · 72706 Reutlingen

Umschlaggestaltung, Layout: Oertel+Spörer Verlag, Bettina Mehmedbegovic
Satz: Longo AG, I-Bozen
Druck und Einband: Longo AG, I-Bozen
ISBN 978-3-88627-359-1

Besuchen Sie uns im Internet und informieren Sie sich über unser vielfältiges Verlagsprogramm:

www.oertel-spoerer.de

Albstadt

Salmendingen

Sonnenbühl

Lichtenstein

Kleinengstingen

Hohenstein

Mehrstetten

Erkenbrechtsweiler

Gomadingen

Grabenstetten

Römerstein

Trochtelfingen

Münsingen

St. Johann

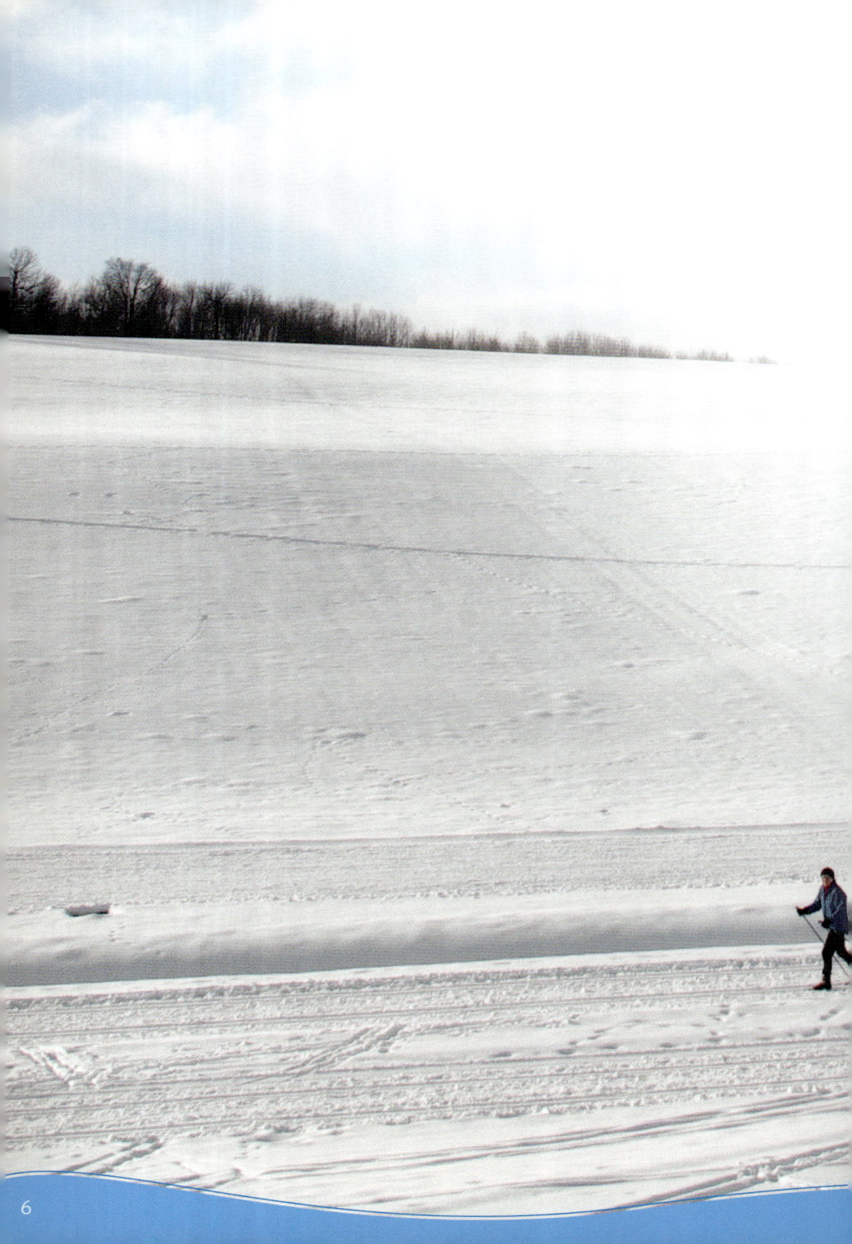

Winterfreuden in der Loipe

Gemächlich über die verschneiten Weiten der Alb gleiten oder als sportlicher Skater über die Ebene fliegen – die Schwäbische Alb ist längst mehr als ein Geheimtipp für Langläufer. Mehr als ein Drittel aller Loipenkilometer in Baden-Württemberg befinden sich im Gebiet zwischen Zollernalb und Münsinger Alb. Neben Wanderern und Fahrradfahrern haben auch die Langläufer die Schönheiten der näheren Umgebung neu für sich entdeckt. Auf der Schwäbischen Alb gibt es wieder deutlich mehr Freunde der schmalen Bretter als noch vor einigen Jahren.

Und warum eigentlich Winter für Winter über die immer gleichen Loipen schnüren – auf der Alb ist schließlich in Sachen Länge, Landschaft und Schwierigkeitsgrad für jeden etwas geboten. Man muss nur wissen wo. Zwischen Raichberg und Zainingen sind an schönen Wintertagen gut und gern über 200 Loipenkilometer gespurt.

Auf der Suche nach neuen Spuren, überraschenden Ein- und Ausblicken will dieses Büchlein helfen. Kalte, sonnige Tage mit ausreichend Schnee haben uns die letzten Jahre immer wieder auf die Loipen gelockt. Und siehe da – auch außerhalb der „Rennstrecken" fanden sich plötzlich gut präparierte Loipen, die die Alblandschaft von einer ganz neuen Seite zeigten.

Es ist eine subjektive Auswahl, die wir auf den folgenden Seiten vorstellen. Doch wir sind überzeugt, dass sich für alle Freunde der schmalen Bretter eine passende Tour findet. Zu jeder Loipe finden sich Hinweise zum Schwierigkeitsgrad, zu besonders schönen Aussichtspunkten oder Entdeckungen abseits der Loipe. Tipps zum Einkehren und für das Après-Ski-Wellness-Programm helfen, den Langlauf-Ausflug zum rundum gelungenen Kurzurlaub zu machen.

Schließlich hat der Skilanglauf sein angestaubtes Image abgelegt und liegt voll im Fitness-Trend: Langlaufen kann man sein ganzes Leben lang, als Ganzkörpersportart trainiert der Langlauf das Herz-Kreislauf-System ebenso wie sämtliche wichtigen, großen Muskelgruppen. Die Bewegung an der frischen Luft und das Erlebnis einer oftmals noch recht unberührten Naturlandschaft vertreiben zudem zuverlässig den Winter-Blues.

Für die Städte und Gemeinden auf der Schwäbischen Alb bietet der Skilanglauf eine Chance, sich in Sachen Wintersport-Tourismus zu positionieren. Dazu bedarf es neben den in ausreichender Zahl bereits vorhandenen Hotels, Restaurants und Ferienwohnungen auch gut und sorgsam präparierter Loipen. Viele Gemeinden haben die Chancen, die sich in dem touristischen Wintersportangebot in einem klassischen Mittelgebirge bieten, längst erkannt – davon zeugen auch gebahnte Winterwanderwege und Schneeschuhtouren. Hie und da lässt sich aber noch einiges tun. Doch auch, wenn der Loipenzustand mal verbesserungsfähig ist: Im Vordergrund steht die Freude an der Bewegung in der frischen Winterluft.

Die meisten Langläufer auf der Alb bevorzugen den klassischen Langlaufstil, die Diagonaltechnik. Doch zunehmend kamen in den letzten Jahren Strecken für sportlich Ambitioniertere dazu, die gerne in der Skating-Technik durch die weiße Winterwelt flitzen. In diesem Loipenführer findet sich unter anderem mit den Strecken auf dem Raichberg-Plateau oder auch mit der Runde beim „Hesel"-Lift zwischen Böhringen und Donnstetten der eine oder andere Hinweis auf glatt trassierte Skatingpisten für alle, die bei guter Lauftechnik und noch besserer Kondition aus dem Skilanglauf auch mal ein persönliches Geschwindigkeitserlebnis machen wollen.

Langlaufloipen führen oft durch unberührte Natur. Damit dies so bleibt, sollten sich Langläufer auch wie Naturschützer verhalten: Also möglichst in der Loipe bleiben, um Tiere nicht unnötig zu erschrecken. Abfälle gehören in den Rucksack und den heimischen Abfalleimer. Auch auf den Loipen gibt es Verkehrsregeln: Wer in der ausgeschilderten Richtung fährt, hat weniger Gegenverkehr. Und anders als auf Pass-Straßen haben Abfahrer Vorrang. Wer stehen bleiben und die Landschaft betrachten will, sollte vor allem an unübersichtlichen Stellen die Loipe frei machen.

Und nun für den kommenden Winter viel Spaß. Wir wünschen Ihnen – und auch uns – schöne Wintertage mit viel Sonne und immer einer Handbreit Schnee unter den Brettern. Wir danken Petra Schöbel, Michael Merkle und Jürgen Rahmig, die für und mit uns unterwegs waren und ihre Erlebnisse beigesteuert haben.

Brigitte Gisel und Heiner Keller

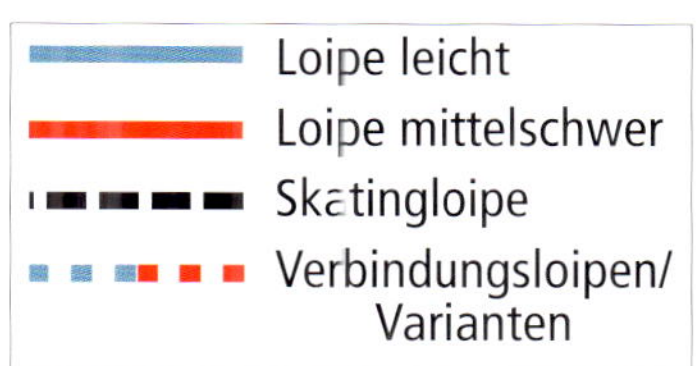

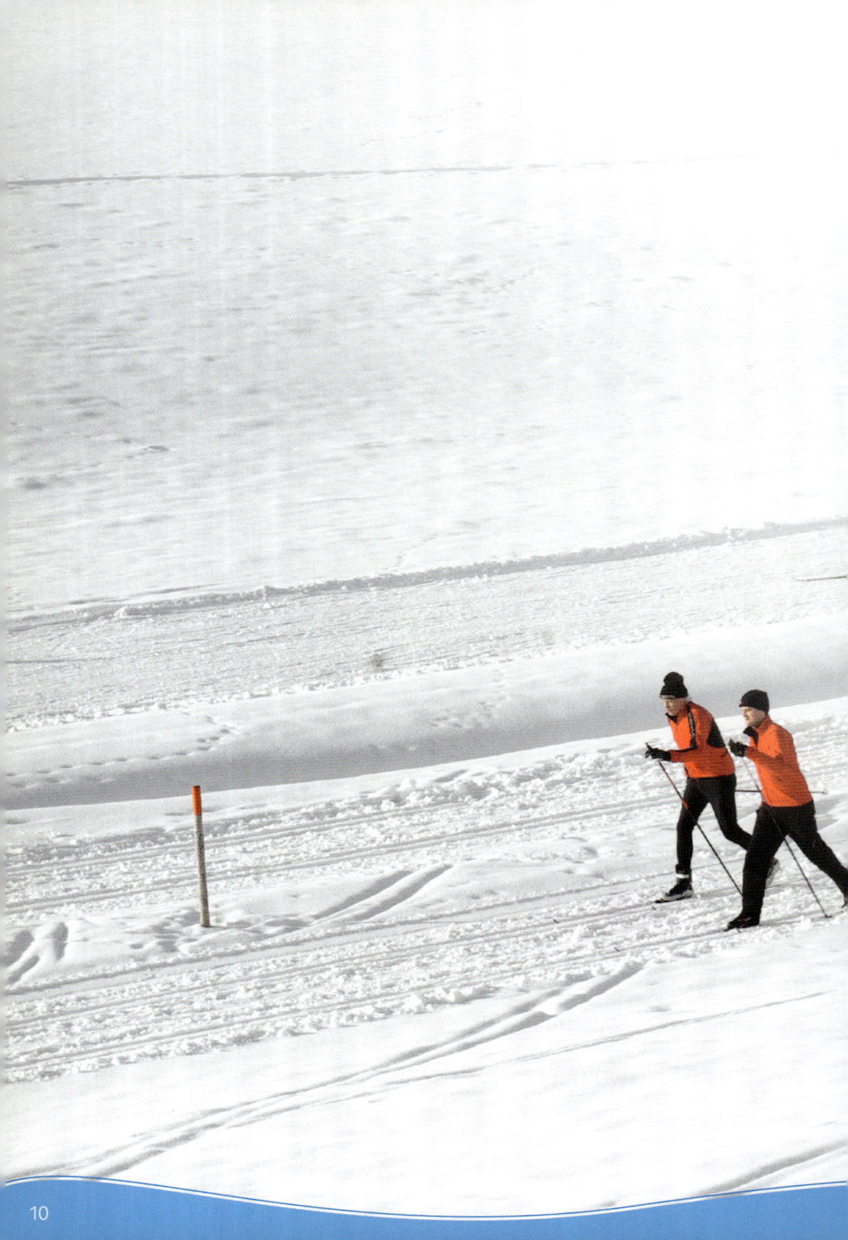

Tipp: Richtig Vorglühen

Bevor wir in die Bindung steigen und die Loipen der Schwäbischen Alb unter unsere schmalen Bretter nehmen, empfiehlt sich ein kleines Aufwärmprogramm.

Wir schlagen dazu eine Runde Seilhüpfen von etwa zehn Minuten Dauer vor. Das mag etwas skurril klingen, doch Seilhüpfen bringt den Kreislauf schnell in Schwung, es beansprucht mit Bein- sowie Schulter/Armmuskulatur die großen Muskelgruppen und sorgt so für ein gutes „Vorglühen". Außerdem ist es eine gute Übung, um das Koordinationsvermögen zu schulen. Selbstverständlich sollte man dazu feste Schuhe tragen – Sport- oder Wanderschuhe sind da erste Wahl. Dass man das Seil nicht auf eisigem Untergrund schwingen sollte, versteht sich von selbst.

Die richtige Ausrüstung und zweckmäßige Kleidung hat man als Langläufer ja sowieso dabei. Nach dem Aufwärmen braucht es dann nur noch das Umsteigen in die Langlaufschuhe und ab geht's auf die Loipe.

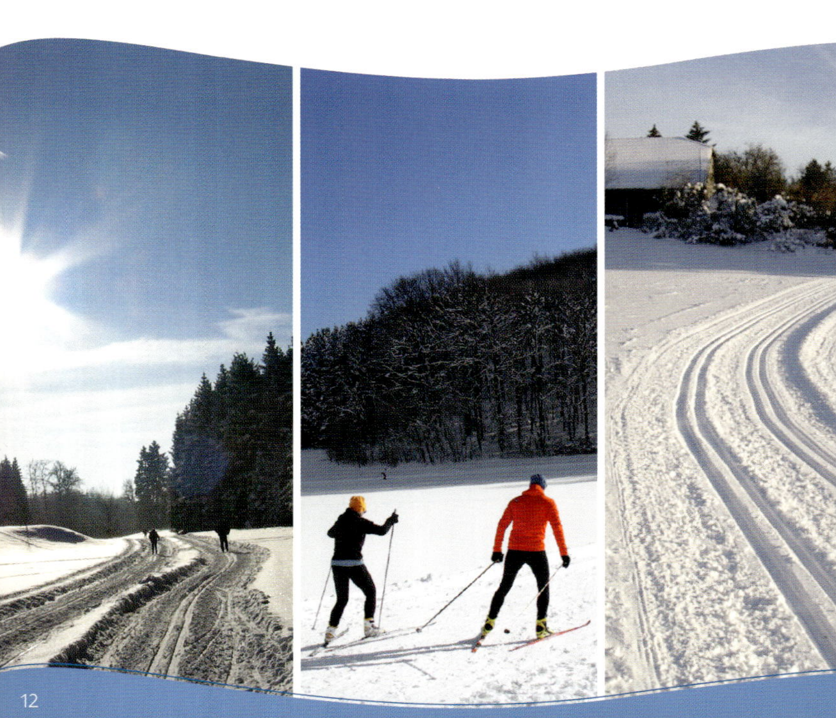

Albstadt

Albstadt und der Zollernalbkreis haben als Langlaufrevier Rang und Namen. Allein Albstadt verfügt über fünf Loipen - sie sind für Wintersportler aus Reutlingen und Tübingen trotz eines etwas längeren Anfahrtswegs noch gut erreichbar und damit eine attraktive Abwechslung.

Schnee-Infos:
www.zollernalb.com

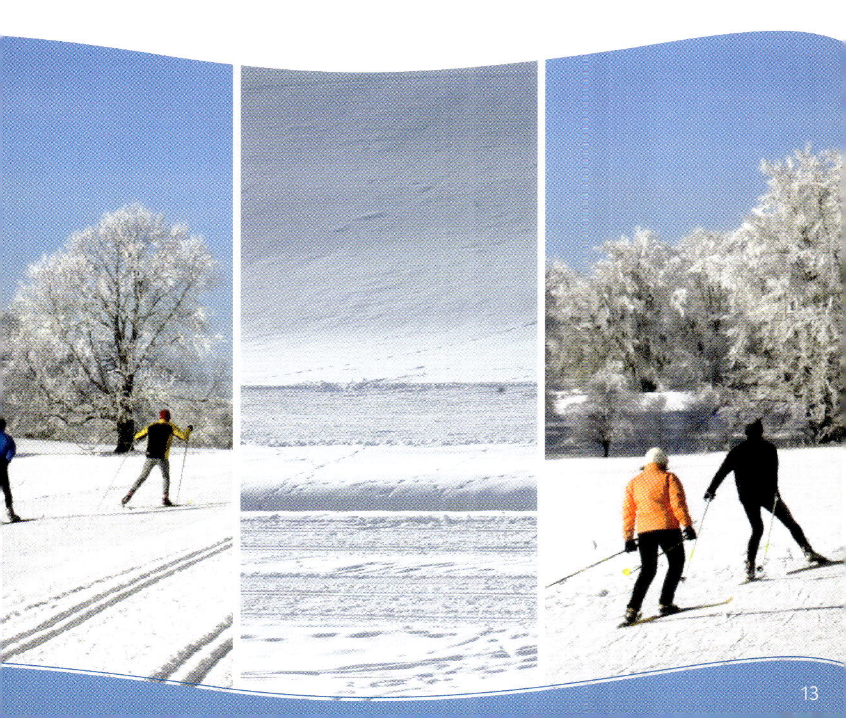

Tour 1 Raichberg-Loipen

Die beiden Teilstrecken der Raichberg-Loipe bieten eine perfekte Kombination: Der nördliche Teil ist durch seine hügelige Struktur gut für sportliche Herausforderungen und spektakuläre Ausblicke, der südliche Teil entführt in einsame Weiten. Die Nordroute ist sowohl für klassische Läufer, als auch für Skater präpariert.

Streckenprofil: **8 km, kombiniert 16 km**
1,5 bis 3 Stunden
Höhenmeter: 120 bis 400 m

Anfahrt:
Mit dem Auto über die B 27 nach Hechingen und Bisingen (Abfahrt), über Thanheim und Onstmettingen zum Raichberg. Dort gibt es mehrere Parkplätze.

Loipenverlauf:
Wir starten am Parkplatz an der Verbindungsstelle der beiden Rundloipen Raichberg 1 und 2 an der schmalen Straße zwischen Onstmettingen und Hausen (nach starken Schneefällen gelegentlich gesperrt), denn dort treffen nördliche und südliche Raichbergloipe aufeinander. Wer Richtung Norden startet, hat die Wahl: klassisch oder Skating?
Die Loipe lässt mit Hügeln und Kuppen, Wald und weitem Feld keine Langeweile aufkommen. Nach einer längeren ebenen Passage geht es flott hinunter in eine Senke. Es folgt ein langer Anstieg in zwei Etappen, bei dem eine Straße überquert werden muss.

Direkt danach geht es bergab: Die steile und kurvige Abfahrt ist die schwierigste Passage der Loipe und für Anfänger eher weniger geeignet. Wer sich danach erholen will, den führt eine kleine Verbindungsloipe zum Zollersteighof. Die anderen laufen zügig weiter. Auf dem leicht geneigten, weitläufigen Hang macht die Loipe danach eine Schleife, bevor es wieder hoch zur Straße geht. Danach führt die Strecke wieder sportlich über manche Kuppe.

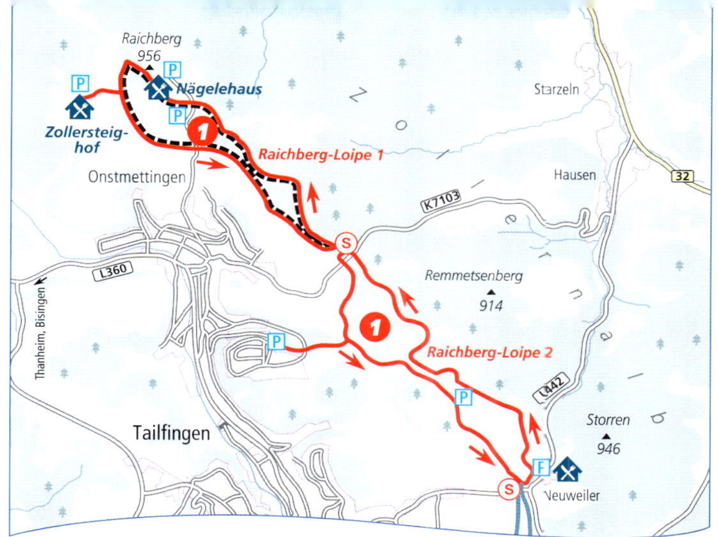

Wer noch Kondition hat, kann jetzt den gemütlicheren Teil der Doppelloipe anschließen. Vom Parkplatz aus geht es erst einmal sanft aber anhaltend bergab. In einer lang gezogenen Linkskurve zieht sich wenig später die Spur hoch auf eine schöne Anhöhe, die nachfolgende flotte Abfahrt führt bis an den Wald, der kurz durchquert wird.

Nach dem Blick auf verschneite Bäume weitet sich die Landschaft vor unseren Augen. Die Loipe führt hier durch eine der am weitesten abgelegenen und ursprünglichsten Regionen der Schwäbischen Alb. Immer wieder wechseln sich nun kurze Anstiege und lange ebene Passagen ab. Nach der Hälfte der Strecke erreichen wir den Parkplatz an der Straße bei Neuweiler. Doch wir kehren um. Dort, wo wir zuvor aus dem Wald gekommen sind, biegt die Loipe auf dem Rückweg nach rechts ab. Nach einer sanft geschwungenen Schlaufe über eine Lichtung, geht es im Zickzackkurs in den Wald, und wir erreichen unseren Ausgangspunkt.

Tipp:

Entlang der nördlichen Spur der Raichberg-Loipe gibt es gleich zwei attraktive Einkehrmöglichkeiten. Das Nägelehaus des Schwäbischen Albvereins am Raichberg und der Zollersteighof kurz nach der steilen Abfahrt bieten beide regionale Küche sowie Kaffee und Kuchen.

Tour 2 Degerfeld-Schlossfelsen-Loipe

Weitgehend ebene Tour durch unberührte Landschaft. Sie lässt sich gut mit den Raichberg-Loipen kombinieren und sogar noch um die Bitzer Loipe erweitern.

Streckenprofil: **17 km**
Teilstrecken 8 und 9 km
Höhenmeter: 176 m

Anfahrt:
Wie bei den Raichberg-Loipen führt der Weg über die B 27 nach Hechingen und Bisingen. Hier aber in Onstmettingen nach Tailfingen weiterfahren und den Abzweig der L 442 in Richtung Hausen bis zum Parkplatz kurz vor Neuweiler nehmen.

Loipenverlauf:
Für die Aussichtsloipe gibt es gleich zwei Einstiege. Wer von der Raichberg-Loipe kommt oder diese hinterher anschließen will, stellt sein Auto am besten auf dem Parkplatz bei Neuweiler ab. Eine Alternative ist der Parkplatz beim Gasthof „Zum süßen Grund" an der Verbindungsstraße zwischen Ebingen und Bitz. Einkehrmöglichkeiten gibt es in beiden Fällen. Beim südlichen Einstieg bietet sich der Gasthof „Zum süßen Grund" an, bei Neuweiler locken die Pizzeria „Rad „oder „Buchners Vesperstüble".

Die Degerfeld-Schlossfelsen-Loipe verläuft auf einem Plateau und ist vergleichsweise eben. Sie ist damit für meditative Genuss-Langläufer prädestiniert, die sich an einem strahlenden Sonnentag an glitzernden Eiskristallen und blauem Winterhimmel erfreuen möchten und auch gern mal kurz anhalten, um eine Tierspur am Rande der Loipe zu deuten. Von Neuweiler aus zieht sich die Spur durchs freie Feld über die weite Ebene, links liegt das Flugfeld Degerfeld. Wer nur eine kleine Runde drehen will, kann kurz nach dem Überqueren der Verbindungsstraße von Albstadt nach Bitz auf die Gegenspur wechseln und die Rückfahrt antreten. Auf der Ostseite der Flugplatzrunde

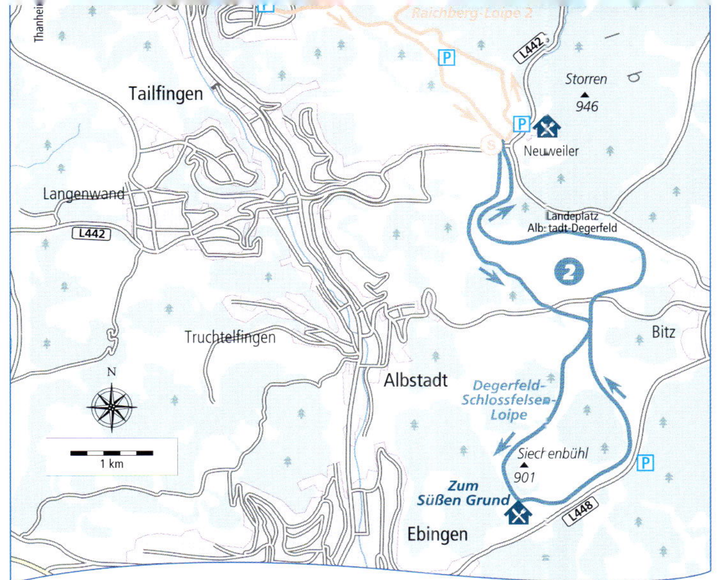

erwartet ihn dann der einzige nennenswerte Anstieg der Strecke, bevor es in einigen Kehren wieder ins Tal geht.

Charakteristisch für den südlichen Teil der Strecke, die Schlossfelsen-Runde, ist die Wacholderheide. Auch an einem nebligen oder bedeckten Tag üben die bizarren Sträucher eine magische Anziehungskraft aus – vor allem, wenn sie von Raureif überzogen sind. Die Loipe zieht sich durch menschenleere Ebenen, bis sie beim „Süßen Grund" auf die Straße trifft. Doch bald schon wendet sie sich wieder von der Zivilisation ab, es geht zurück Richtung Degerfeld. Nach Berg- und Talfahrt verläuft die Spur nahe eines Wäldchens in sanften Bögen zurück zum Ausgangspunkt.

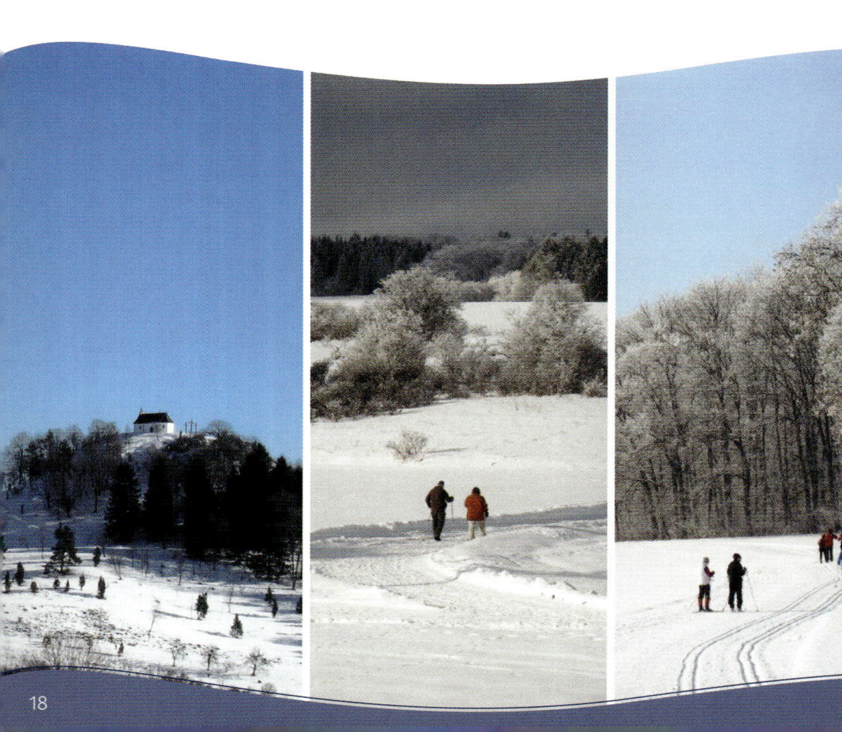

Salmendingen

Salmendingen verfügt über zwei Loipen mit rund 14 km Länge. Da sie nahe beieinanderliegen, lassen sie sich gut kombinieren.

Schnee-Infos:
0171-8945970
07126-921727
www.skilift-salmendingen.de

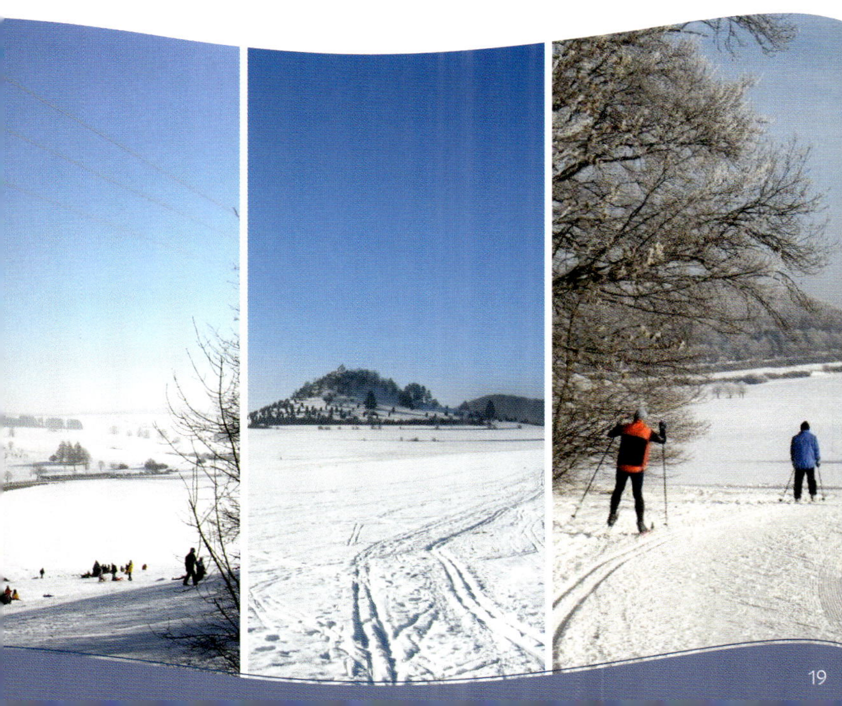

Tour 3 Ghaiberg-Loipe

Die Loipe ist für Anfänger gut geeignet, trotz ihrer exponierten Lage windgeschützt und lässt tief blicken.

Streckenprofil: **4 km**
50 Minuten
Höhenmeter: 93 m

Anfahrt:
Von Richtung Reutlingen-Tübingen zum Beispiel über Gönningen, Öschingen, Talheim bis kurz vor Melchingen, dann rechts abbiegen und auf der K 7161 nach Salmendingen fahren. Ausgangspunkt für die Ghaiberg-Loipe ist der Parkplatz Geißhalde am Skilift Ghaiberg. Dazu nach dem Ort am Ortsausgang Richtung Ringingen abbiegen, noch etwa 1 km weiterfahren, und dann links auf den ausgeschilderten Parkplatz fahren.

Loipenverlauf:
Das Vergnügen, auf der gemütlichen Spazier-Loipe über die Höhen des Ghaibergs zu gleiten, muss man sich erarbeiten. Vom Parkplatz geht es zur Talstation des Skilifts, von wo aus ein Trampelpfad entlang der Skipiste am Waldrand rund 100 m nach oben führt. Dort weist ein Schild den Einstieg in die Spur.
Der anstrengendste Teil der Tour ist damit überstanden, denn von nun an geht's weitgehend eben durch eine Landschaft, die wunderbare Blicke auf Melchingen, die Windräder des Himmelbergs und das im Tal liegende Salmendingen erlaubt. Gleich zu Beginn würde die (allerdings nicht bewirtschaftete) Hütte des Schwäbischen Albvereins zum Rasten einladen. Die Loipe führt links an der Hütte vorbei, eine kleine Anhöhe hinab und nach rund 500 m auf eine Kreuzung. Die Loipe biegt dann rechts ab und erreicht das Gewann „Auf Berg" - eine recht einsame, von Wald begrenzte Hochebene mit kleinen Hügelchen und markanten, freistehenden Bäumen. Wer gegen den Uhrzeigersinn fährt, stößt nach rund 1,5 km am Ende einer kleinen Abfahrt auf eine Rechtskurve – hier ist Halbzeit. Von nun an geht es mit sanftem Auf und Ab am Waldrand entlang in Gegenrichtung. Ist die Hochebene einmal umrundet,

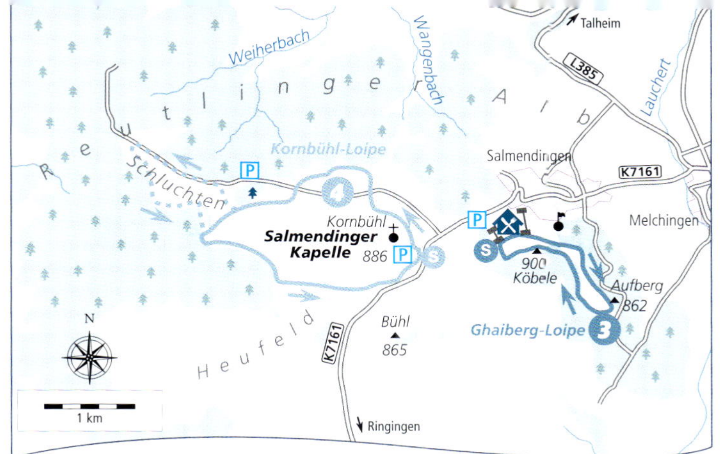

biegt die Loipe links ab und führt zurück in Richtung Skilift, wobei sich von der Höhe über dem Skihang weite Blicke auf den Albtrauf und das Albvorland auftun – bei klarem Wetter reicht die Aussicht bis zu den Hochhäusern von Tübingen-Waldhäuser-Ost, zum Sternberg bei Gomadingen und sogar bis nach Stuttgart.

Da die Loipe in knapp 900 m Höhe verläuft, ist sie eine der schneesichersten der Region. Sportliche fahren vom Aussichtspunkt im Pflug am Rande der Skipiste bis zur Talstation des Skilifts, alle anderen schnallen ab und laufen.

Tipp:

Für den „Einkehrschwung" gibt es am Skilift Ghaiberg eine Hütte, bei der man sich während der Betriebszeiten des Skilifts mit Wasser, Kaffee oder – nach der Runde – mit einem Glühwein belohnen kann. Am Wochenende sind auch Brezeln, Saitenwürstle (mit Holzofenbrot!) und Kuchen im Angebot. Tische und Bänke laden zum Sonnenbad ein.

Tour 4 Kornbühl-Loipe

Einmal rund um die Salmendinger Kapelle: Romantische Genießerloipe für sportlich wenig Ambitionierte mit einem Faible für Himmel und Weite.

Streckenprofil: **6,3 km**
ca. 1 Stunde
Höhenmeter: 30 m

Anfahrt:
Von Richtung Reutlingen–Tübingen beispielsweise über Gönningen, Öschingen, Talheim bis kurz vor Melchingen, dann rechts abbiegen und auf der K 7161 nach Salmendingen fahren. In Richtung Ringingen befindet sich rund 1,5 km nach Ortsende der Parkplatz Kornbühl.

Loipenverlauf:
Sportliche Langläufer, die das Auf und Ab schätzen, sind hier fehl am Platz. Die Kornbühl-Loipe ist eben. Topfeben. Der Rundkurs über das Burladinger Heufeld und um den markanten Zeugenberg mit der Salmendinger Kapelle bezieht seinen Reiz vom Blick auf die St. Anna-Kapelle , die den Langläufer die ganze Tour über begleitet.

Am Rande des Parkplatzes am Kornbühl beginnt die Loipe. In welche Richtung man startet, ist Geschmackssache, da die Loipe als Doppelspur angelegt ist. Wir fahren gegen den Uhrzeigersinn, sodass wir den Kornbühl links liegen lassen und uns in Richtung Waldrand bewegen. Einen knappen Kilometer nachdem das Sträßchen zum Dreifürstenstein überquert wurde, biegt die Spur nach links ab und kehrt in einem großen Bogen zum Ausgangspunkt zurück. Der Blick geht über weite weiße Felder, einzelne frei stehende Bäume setzen Akzente in die Landschaft. Die Loipe wird vom Betreiber des Skilifts professionell gespurt. Da die Loipe dem Wind sehr ungeschützt ausgesetzt ist, kann es schon mal passieren, dass der Wind die Spuren verweht – doch ist die Orientierung dank des markanten Kornbühls kein Problem.

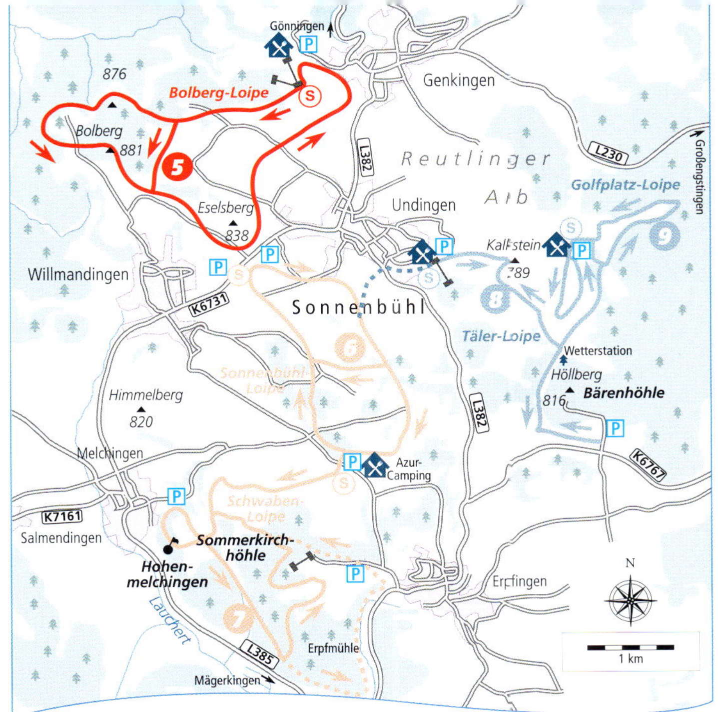

sen aus – der Blick reicht bis zu den Gönninger Seen, zum Rossberg und ins Wiesaztal. Die Spur führt nun eher gemächlich und im Wald. Ist der Gipfel des Bolbergs umrundet, folgt eine längere, sanfte Abfahrt. Hier ändert sich nun die Landschaft: Der Blick wendet sich Richtung Südosten - die Landschaft wird offener. Weiter unten passieren wir linker Hand einen Steinbruch und orientieren uns halbrechts, die Loipe, die von links einmündet, ist die Abkürzung aus der Teilstrecke. Wer hier abbiegt, fährt gegen die Laufrichtung, was spätestens bei der Rückkehr zum Bolberg-Lift Probleme bereitet.

Stattdessen führt die Loipe nun in Kehren um den Eselsberg herum - hier geht es teilweise kräftig und oft ohne Spur bergab. Unten angekommen könnte man, wenn man die Straße überquert, die Sonnenbühl-Loipe anschließen. Links geht es noch knapp 3 km zurück zum Ausgangspunkt.

Tour 6 Sonnenbühl-Loipe

Alb pur in überwiegend freier Landschaft mit weiten Blicken sowie Berg- und Talfahrten. Herrlich sonnig, aber auch teuflisch windig.

Streckenprofil:	**10 km**
	Teilstrecke 4 km
	2-3 Stunden
	Höhenmeter: 100 m

Anfahrt:

Auch hier führen die meisten Wege über Gönningen und Genkingen nach Undingen. Parkplätze für Langläufer gibt es zum einen an der K 6731 zwischen Undingen und Willmandingen (Übergang zur Bolberg-Loipe möglich). Eine andere Möglichkeit ist der Zugang vom Rosencamping in Erpfingen. Dazu von Undingen auf der L 382 nach Erpfingen fahren und in der Ortsmitte nach rechts Richtung Campingplatz abbiegen. Von dort aus kann man auch die Schwaben-Loipe anschließen.

Loipenverlauf:

Die Sonnenbühl-Loipe ist die sonnigste der fünf Loipen. Was umgekehrt auch bedeutet, dass dort an einem kalten Wintertag der Wind am stärksten pfeift. Der bekannteste Einstieg erfolgt beim Parkplatz an der K 6731 zwischen Undingen und Willmandingen, dort, wo auch die Bolberg-Loipe die Straße erreicht, sodass ein Übergang von der einen zur anderen leicht möglich ist. Mit Blickrichtung Undingen führt der Weg nun linkerhand langsam den Berg hinauf. Nach kurzer Zeit passieren wir einen Hof, kurz darauf reicht der Blick schon bis zu den Häusern von Undingen, geradeaus wartet die erste Abfahrt und im Hintergrund kommt der Bloßenberg in Sicht.

Doch jetzt geht's erstmals bergab – gleich zum Einstieg erwartet uns eine der steileren Abfahrten. Am Ende der Abfahrt lauert zudem noch eine kleine Rechtskurve. Nun geht es abwechselnd auf und ab – falls die Spuren ein bisschen vereist sind, reichen die Abfahrten aus, um richtig Schwung zu bekommen. Wer es beschaulicher mag, bremst, um den Blick über die weite Alb-

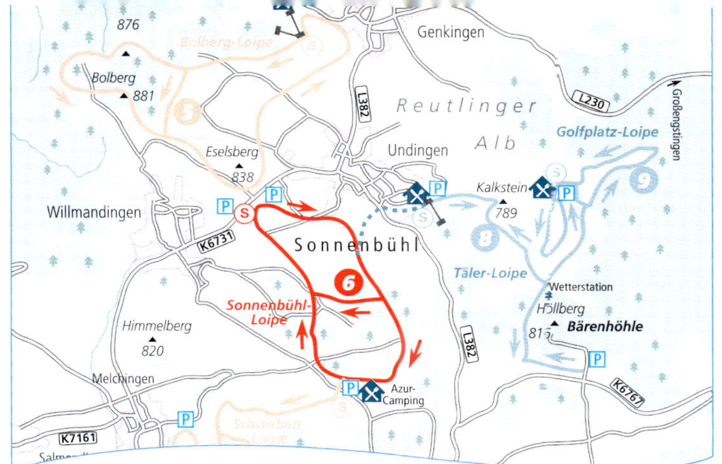

landschaft streifen zu lassen, denn schon kurz nachdem wir das Einzugsgebiet der Verbindungsstraße zwischen den Sonnenbühler Teilgemeinden verlassen haben, wird es ruhig und romantisch. Richtung Südosten wechseln sich weite, schneebedeckte Wiesen mit kleinen Waldstücken ab.

Wer nur mal schnell Winterluft schnappen wollte, kann nach der nächsten längeren Abfahrt rechts abbiegen und kommt so nach ungefähr 2 km wieder zum Ausgangspunkt zurück. Geradeaus geht es nach einem kleinen Anstieg mit leichtem Gefälle auf die nicht bewirtschaftete Wilhelm-Speidel-Hütte zu: Vor allem bei Sonnenschein eine gute Gelegenheit zum Vespern. In stetem Auf und Ab entlang eines kleinen Wäldchens führt die Spur nun in Richtung Azur-Camping. Dort ist der Übergang zur Schwaben-Loipe möglich – und Einkehren kann man auch. Dort ist nun ungefähr die Halbzeit der Tour erreicht und der Weg geht - Hügelchen auf, Hügelchen ab - wieder Richtung Norden zum Ausgangpunkt.

Tipp:

Die Campingplatz-Kneipe „Rosenstüble" direkt am Parkplatz des Azur Rosen-Campings hat einen großen Vorteil: Bei guten Schneeverhältnissen kann man auf Skiern vorfahren. Und wenn nicht, hat man ohnehin sein Auto auf dem dazugehörigen Parkplatz abgestellt. Drinnen locken selbst gebackene Kuchen, Kaffee und eine kleine Vesperplatte.

Tour 7 Schwaben-Loipe

Ideal für Naturliebhaber, denen Schönheit über Tempo geht und die auch mit schlechteren Spurverhältnissen klarkommen.

Streckenprofil: **10 km**
2-3 Stunden
Höhenmeter: 100 m

Anfahrt:
Einstiege in die Schwaben-Loipe – und damit Parkplätze – gibt es zwei, die aber jeweils mit einer Zubringerloipe starten. Anfahrt aus dem Tal über Gönningen und Genkingen nach Undingen, dann im Ort links in Richtung Erpfingen abbiegen. In Erpfingen der Beschilderung Azur Rosencamping oder Wanderparkplatz Melchinger Tal /Sonnenmatte folgen.

Loipenverlauf:
Blicke bis ins Voralb-Land, ein Grillplatz, Windräder, eine Burgruine und sogar eine veritable Höhle – die Schwaben-Loipe hat so viel zu bieten, dass es schade wäre, sie unter rein sportlichen Gesichtspunkten unter die Bretter zu nehmen. Die Loipe, die im Sonnenbühler Ortsteil Erpfingen beginnt und sich bis jenseits der Orts- und Landkreisgrenze auf Burladinger Gebiet erstreckt, kann gut und gern als winterlicher Alblehrpfad durchgehen. Und man tut in jeder Beziehung gut daran, sie auch als solche zu sehen, denn die Tour wird von der Gemeinde als letzte gespurt – und wenn der Wind pfeift, können die Spuren schon mal verwehen. Doch anhand der Topografie, mehrerer Wäldchen, die Orientierung bieten, der fast allgegenwärtigen Windräder und einer ordentlichen Beschilderung fällt die Orientierung leicht.

Wer am Campingplatz startet, folgt zunächst rund 100 m dem Verbindungsweg nach Willmandingen, bevor dann auf der linken Seite das Schild „Schwaben-Loipe zwei Kilometer" den Einstieg weist. Von nun an geht es sanft gewellt über die Alblandschaft. Rechts kommt in einiger Ferne ein Gehöft ins Blickfeld, in der Ferne sind die drei Windräder des Melchinger Windparks

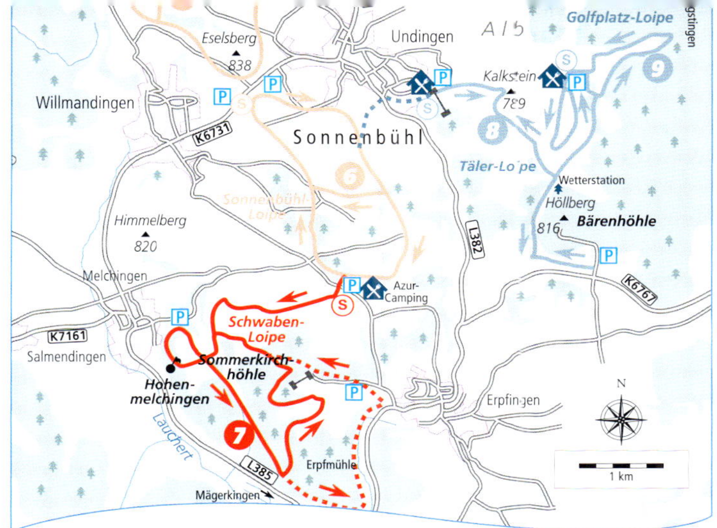

Himmelberg zu sehen. Langsam nähern wir uns einer Kuppe mit einer kleinen Aussichtshütte – sie ist in jedem Fall den Aufstieg (und erst recht die Abfahrt) wert, denn von hier aus reicht der Blick bis in die Ebene und bis zur Salmendinger Kapelle.

Kurz nach der Hütte macht die Loipe eine Linkskurve, um nach gut 100 m auf die eigentliche Schwaben-Loipe zu stoßen. Nun geht es zügig einen kleinen, nicht allzu steilen Buckel hinab bis zur Köbele-Hütte des Schwäbischen Albvereins. Sie ist zwar im Winter meist verschlossen, verfügt aber über eine Grillstelle. Anschließend bietet sich ein Abstecher zur Sommerkirchhöhle an. Sie liegt rund 200 m in Richtung Hirschental, aber nicht direkt an der Loipe, sondern auf dem Weg, der nach links abzweigt.

Die Loipe steigt von der Hütte und dem Kinderspielplatz nun rechts langsam bis auf die Höhe des Albtraufs. Nach rund 500 m ist die Ruine Hohenmelchingen erreicht. Obwohl schon vor gut 500 Jahren verlassen, lohnt die weiträumige Anlage einen kurzen Abstecher. Auf die Langläufer warten nun die schönsten Abfahrten der Loipe: Zunächst ein relativ steiles Stück zurück zur Köbele-Hütte, dann rechts ab eine lange, aber überwiegend sanfte Bergabfahrt bis hinab ins Tal der Lauchert. Von dort an gibt es mehrere Möglichkeiten:

Variante eins nimmt die erste Loipe nach links, die bergan führt und sich zunächst durch Wald und dann durch freies Feld oberhalb der Jugendherberge zieht, um schließlich wieder durch den Wald bis zu der Kreuzung von Zubringer-Spur und Schwaben-Loipe zu gelangen. Von dort wieder nach rechts bis zum Ausgangspunkt Rosen-Camping fahren.

Variante zwei folgt den meist wilden Spuren im Lauchert-Tal entlang des Waldrands bis zur Erpfmühle und am Kurgarten vorbei bis zum Parkplatz Gollenhalde. Von dort gibt es eine Verbindung zum Wanderparkplatz Melchinger Tal. Ab Ausgang Wanderparkplatz ist die Schwaben-Loipe beschildert. Sie führt zunächst entlang des Tales, lässt Sommer-Bobbahn und Skilift links liegen und führt relativ steil durch den Wald auf die Höhe. Auch hier gilt dann: An der Abzweigung oben auf dem Berg rechts halten und zurück zum Rosen-Camping fahren.

Wer eine etwas kürzere Tour fahren will, startet am Wanderparkplatz Melchinger Tal, folgt der Spur auf die Hochebene, hält sich oben links und fährt den Kringel bis zur Ruine Hohenmelchingen und der Köbele-Hütte. Dann das Hirschental hinunterfahren und sich unten an der Lauchert orientieren und über die Erpfmühle und den Kurgarten zurück zum Ausgangspunkt.

Tipp:
Sonnenbühls Gastronomie hat viel zu bieten: Après-Ski im Landhotel Sonnenbühl mit Glühwein und Snacks, gediegene schwäbische Küche in Restaurants und Landgasthöfen oder Feinschmeckermenüs im Erpfinger „Hirsch". Wer es aber ganz rustikal liebt, der nimmt sich auf die Schwaben-Loipe die Zutaten für ein Wintergrillfest mit, denn bei der Köbele-Hütte befindet sich eine schöne Feuerstelle. Also ein bisschen Papier und ein paar Rote einpacken, Spächele sowie ein oder zwei Scheite trockenes Holz und wasserfeste Streichhölzer. Ein Taschenmesser kann nicht schaden.

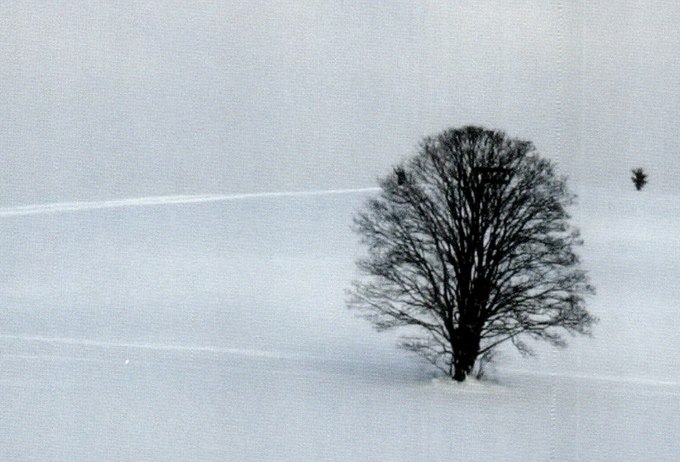

Tour 8 Täler-Loipe

Ebene, aber landschaftlich sehr reizvolle Loipe für Anfänger oder Genuss-Langläufer. Die Skating-Spur lockt auch Sportler.

Streckenprofil: **8 km**
1,5 bis 2,5 Stunden
Anstiegshöhenmeter: 50 m

Anfahrt:
Auch für die Täler-Loipe ist Undingen Ausgangsort. Parkplätze gibt es beim Skilift Undingen: Dazu in Richtung Erpfingen fahren und am Ortsende links abbiegen. Eine weniger stark frequentierte Alternative ist der Parkplatz Bärenhöhle. Er liegt an der K 6767, der Verbindung zwischen Erpfingen und der Haidkapelle bei Engstingen.

Loipenverlauf:
Lang nicht mehr auf den Brettern gestanden? Oder einen Skater im Schlepptau? Dann ist die Tälerloipe genau das Richtige. Als Doppelspur gezogen verläuft sie völlig eben und durchzieht nacheinander das große Rinnental und das Höllental. Als Skatingspur ist sie auch das Richtige für sportliche Naturen. Da die Spur in einem der kältesten Hochtäler Deutschlands liegt, ist sie eine der schneesichersten Loipen der ganzen Schwäbischen Alb – und aus diesem Grund auch eine der ersten, die gespurt wird.

Der Einstieg beim Skilift Undingen eignet sich bestens auch für Eltern, die ihre Kinder für die Dauer der Langlauftour „lifteln" schicken wollen. Die Skihütte der Skizunft Undingen ist Start und Ziel der Loipe.

Nach rund 1 km direkt am Fuße des 789 m hohen Kalkstein, biegt die Loipe nach rechts ab. Wir haben jetzt das große Rinnental erreicht. Das Wäldchen, das die Loipe rechts mal näher und mal ferner begleitet, hält kalte Winde ab – manchmal gibt eine Lücke auch den Blick frei über weite Schneefelder. Wir bleiben in der Spur und erreichen rund 2 km nach dem Start die Wetterstation

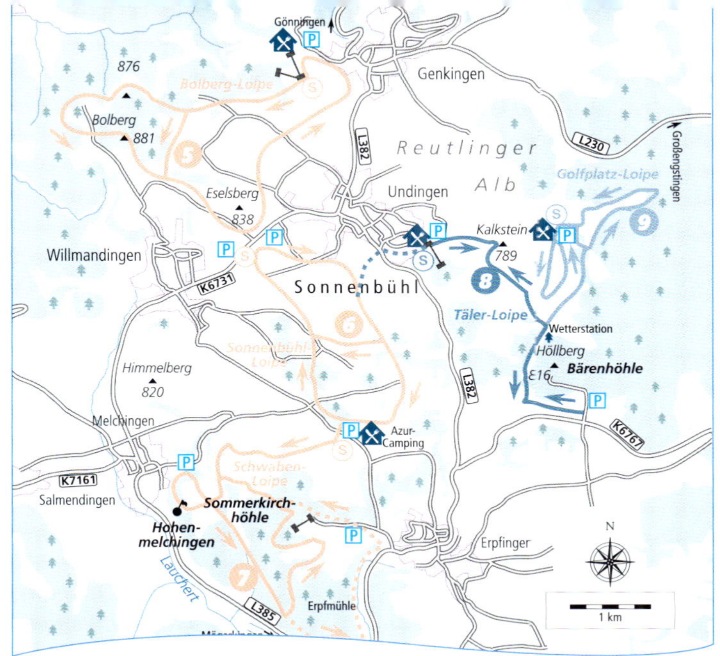

im großen Rinnental – an der Tafel gibt's Kältegrade zum Frösteln, die es immer wieder sogar ins Fernsehen schaffen. Hier ist nun der Ort der Entscheidung: Rechts geht's weiter Richtung Bärenhöhle, links zur Golfplatz-Loipe.
Die Täler-Loipe erstreckt sich nun weiter windgeschützt entlang eines Wäldchens durch das Höllental. Nach einer Linkskurve führt die Loipe ohne nennenswerte Steigungen oder Gefälle zum Wanderparkplatz Bärenhöhle, der den Wendepunkt dieser Tour markiert. Der Rückweg führt über die gleiche Strecke zurück zum Ausgangspunkt.

Tipp:

Ein Gefühl wie in den Bergen vermittelt die Skihütte Undingen: In der warmen Stube gibt es Kaffee, selbst gebackenen Kuchen, am Wochenende auch ein deftiges „Hütt'n-Vesper", Viertele und natürlich Glühwein.

Tour 9 Golfplatz-Loipe

Leichte, dabei abwechslungsreiche Tour in idyllischer, ruhiger Alblandschaft. Gut geschützt und damit auch bei Schneetreiben eine Alternative.

Streckenprofil: **5 km**
1 bis 2 Stunden
Höhenmeter: 70 m

Anfahrt:
Von Undingen (siehe Täler-Loipe) führt die Straße vom Skilift aus noch rund zwei Kilometer geradeaus. Mehrfach weisen Schilder mit der Aufschrift „Golfplatz" den Weg, nach rund 1,5 km an der Gabelung rechts Richtung Clubhaus fahren. Dort befindet sich der Parkplatz.

Loipenverlauf:
Die Golfplatz-Loipe eignet sich als eigenständige Rundtour, aber auch als reizvolle Ergänzung der Täler-Loipe.

Wer von der Täler-Loipe aus Richtung Undingen kommt, biegt an der Klimastation im großen Rinnental links ab. Der Weg zieht sich nun langsam entlang des Golfplatzes das Gamstal entlang den Hang hinauf. Die Greens auf der linken Seite verstecken sich unter unberührten Schneefeldern, rechts sorgt der Wald für Windschutz. Ungefähr 2 km nach der Klimastation erreichen wir auf der Anhöhe eine Schleife. Wer Lust hat, umrundet die Hochebene und kommt so zum Golfplatz-Restaurant. Auf der Hochebene kommen immer wieder Teile der Täler-Loipe in den Blick. Meist ist auch eine Verbindungsspur angelegt, auf der es zügig bergab geht. Ansonsten führt der Rückweg über das Gamstal zurück zur Klimastation.

Wer seine Runde ausschließlich auf der Golfplatz-Loipe absolvieren will, findet den besten Einstieg direkt beim Golfplatz. Dort gibt es oft auch noch Parkplätze, wenn die Stellflächen beim Skilift Undingen bereits voll sind. Vom Golfplatz-Restaurant bietet sich nun an, zunächst die linke Schleife zu fahren,

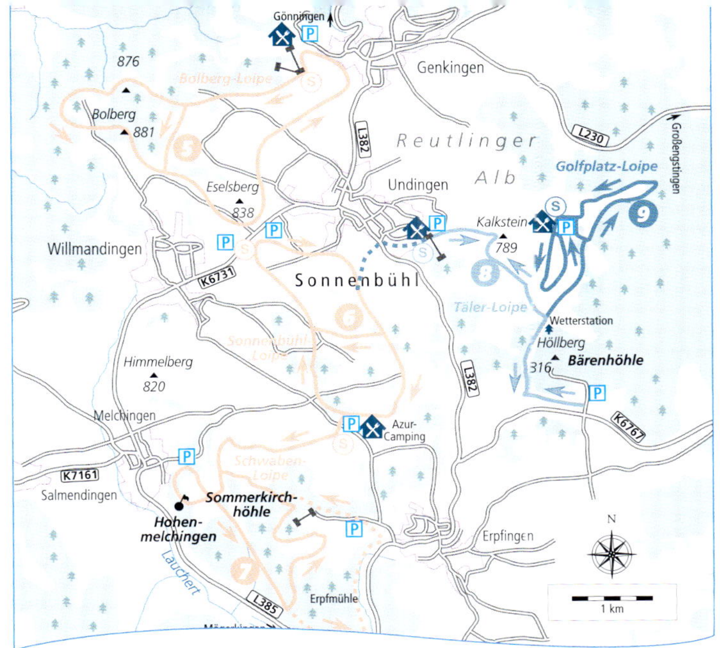

die schöne Blicke ins Rinnen- und Gamstal eröffnet. Nach der Rückkehr zum Ausgangspunkt am Golfplatz kann man sich rechter Hand die Runde ins Gamstal vornehmen und sich langsam abwärts gleitend der Klimastation annähern. Dort befindet sich der Wendepunkt der Tour – außer man hat Lust, auf der Loipe Richtung Bärenhöhle oder aber auch in Gegenrichtung mit Ziel Undingen noch etwas Kondition zu trainieren.

Tipp:

Wer an einem kalten Winternachmittag die Sonne glutrot über der Albhochfläche untergehen sehen möchte, sollte seine Tour so legen, dass er zur blauen Stunde beim Golfplatz-Restaurant Station macht. Dort gibt's Kaffee, Kuchen, Glühwein, Tee – und eben eine fantastische Aussicht.

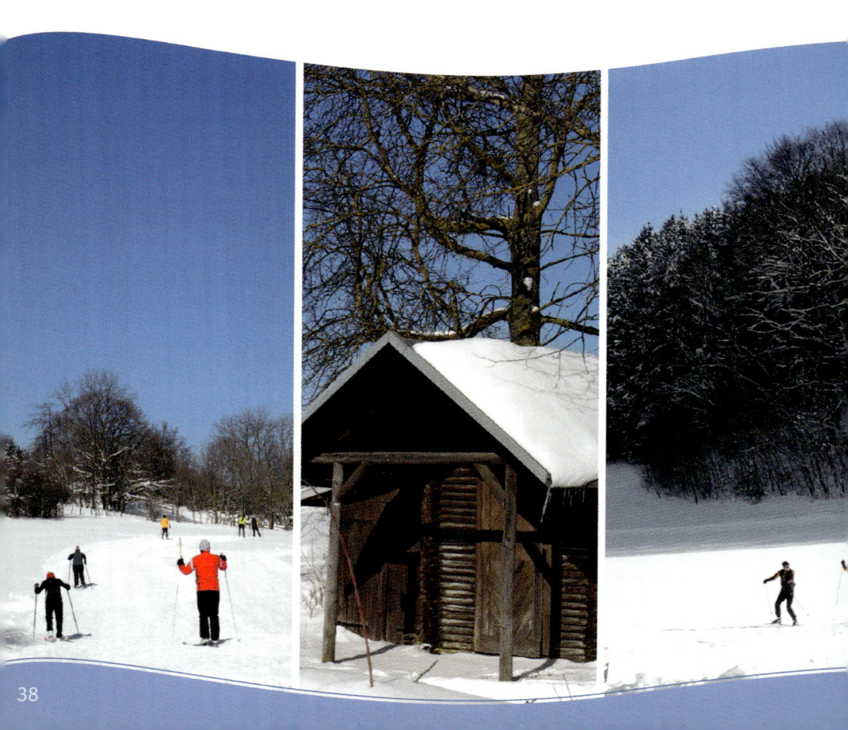

Lichtenstein

In Lichtenstein werden Albliebhaber und Sportler auf zwei Teilstrecken einer Loipe fündig. Und Abfahrtspisten sind nur ein paar Schritte entfernt.

Schnee-Infos:
www.wintersport-arena.com

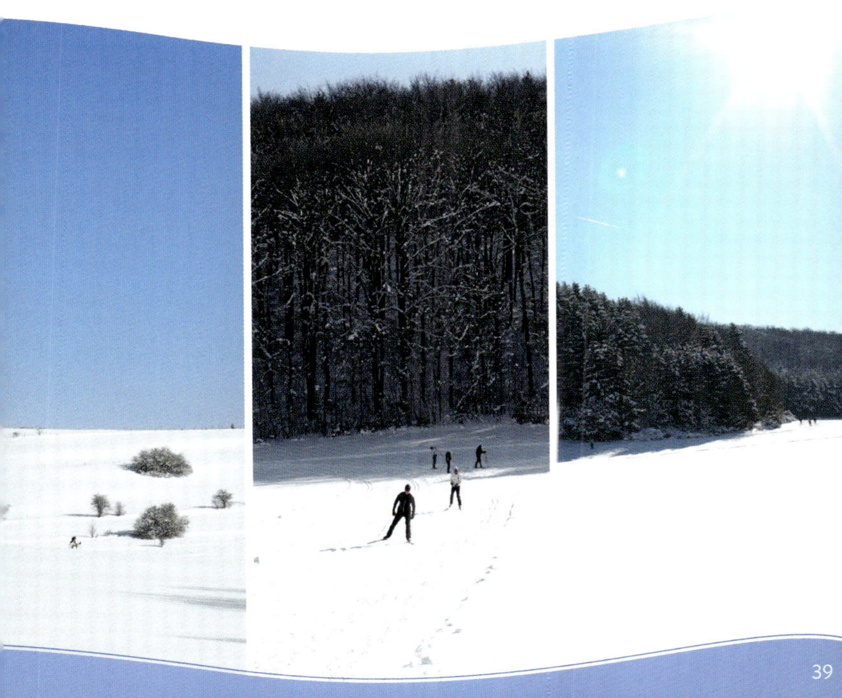

Tour 10 Lichtenstein-Loipe

Zwei gemütliche Teil-Strecken für Landschaftsgenießer. Oder eine Gelegenheit zum Tempo machen für sportlich ambitionierte Skater.

Streckenprofil: **16 km**
Teilstrecke Manental-Schleife: 8 km
Teilstrecke Stahleck-Schleifer: 8 km
je 1,5 bis 2 Stunden
Höhenmeter: Manental-Schleife: ca. 70 m
Stahleck-Schleife: ca. 100 m

Anfahrt:

Aus Richtung Reutlingen und Tübingen über Lichtenstein und die Holzelfinger Steige nach Holzelfingen. Dort links abbiegen in die Kornbergstraße. Dann geht es Richtung Salach-Skilift/Herz'l Alm. 200 m nach dem Ortsausgang gibt es erste Parkmöglichkeiten. Am Loipenbeginn hat es einen großzügig dimensionierten Parkplatz. Wer nur die Manental-Schleife laufen will, findet manchmal auch an der Verbindungsstraße Richtung Bleichstetten einen Platz für sein Fahrzeug.

Loipenverlauf:

Die Lichtenstein-Loipe mit ihren zwei Teilstrecken ist der jüngste Neuzugang im Loipennetz der Schwäbischen Alb. Erst seit 2007 die Wintersportarena samt Herz'l Alm entstand, wird von den Betreibern die Loipe gespurt. Aber wie! Beide Schleifen werden sowohl für klassische Langläufer, als auch für Skater präpariert; der technische Zustand ist - genügend Schnee vorausgesetzt - vorzüglich.

Wer an der Herz'l-Alm startet, kann sich zunächst gemütlich auf die schmalen Bretter stellen. Vom Parkplatz aus geht es sanft bergab, mit jedem Meter entfernt sich die Loipe vom Wintersport-Trubel. Dafür eröffnen sich die ersten Blicke auf Wiesen und Weite. Unten angekommen heißt es zum Überqueren der Straße abschnallen. Dann geht es nach links – die Manental-Schleife zieht

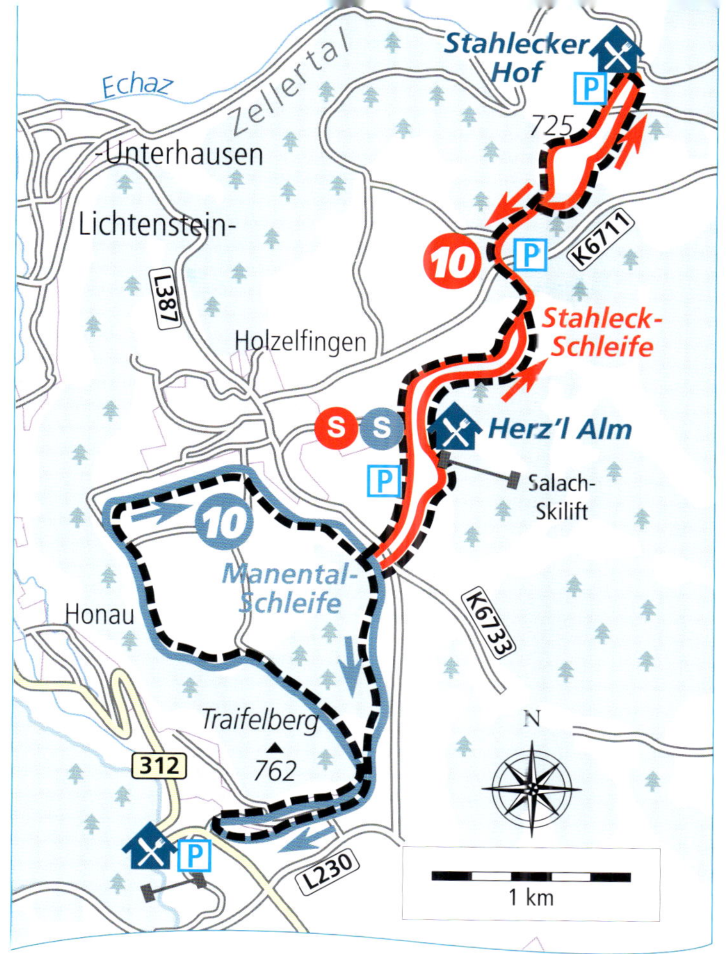

sich immer am Waldrand entlang in Richtung Traifelberg. Zwar verlaufen die Spuren über lange Zeit in Hörweite der Straße, doch ertschädigen der allenfalls nur leicht hügelige Verlauf und der idyllische Weg am Wald entlang für dieses kleine Manko. Auf der Höhe des Skilifts Traifelberg gib es eine Kehre, worauf kurz darauf der Weg nach links abbiegt und am Fuß des Traifelbergs entlang des Walds führt. Hier sind einige kleinere Anstiege zu überwinden, bevor es dann in weiten Kurven nach unten geht – keine Sorge, die Abfahrten sind auch für Anfänger gut zu meistern, sodass noch Gelegenheit bleibt, den Blick in Richtung Holzelfingen zu genießen. Am Ortsrand entlang geht es weiter, dann nähert sich die Spur wieder der Straße und führt eben zum Übergang zurück, bevor es sanft bergauf Richtung Ausgangspunkt zurückgeht.

Dort beginnt nun auch das zweite Teilstück der Lichtenstein-Loipe – die Stahleck-Schleife. Sie hat etwas mehr Aufs und Abs im Bewegungsprofil, ist aber dennoch auch von weniger sportlichen Fahrern gut zu meistern. Weite, schneeweiße Felder und Wiesen wechseln sich ab mit Waldpartien. Auch hier muss eine Straße gekreuzt werden, die Verbindungsstraße nach Ohnastetten. Doch die Loipe ist so gespurt, dass auch für klassische Läufer genug Platz bleibt, um abzubremsen. Ziel der Tour ist der idyllisch gelegene Stahlecker Hof, wo sich müde Loipengänger stärken können. Von dort aus geht es praktisch auf gleichem Weg zurück zur Herz'l Alm.

Tipp:

Auf der Lichtenstein-Loipe muss keiner hungrig unterwegs sein. An Start und Ziel bietet die Skihütte an der Herz'l Alm schwäbische Küche. Sie ist offen, wenn der Skilift läuft. Auf der Manental-Schleife gibt es beim Skilift Traifelberg ebenfalls zu den Liftöffnungszeiten in der rustikalen Skihütte kleine Snacks. Der Stahlecker Hof schließlich ist ein richtiger gemütlicher schwäbischer Gasthof. Wer sich dann den Rückweg noch zutraut, kann sich dort auch einen Zwiebelrostbraten bestellen.

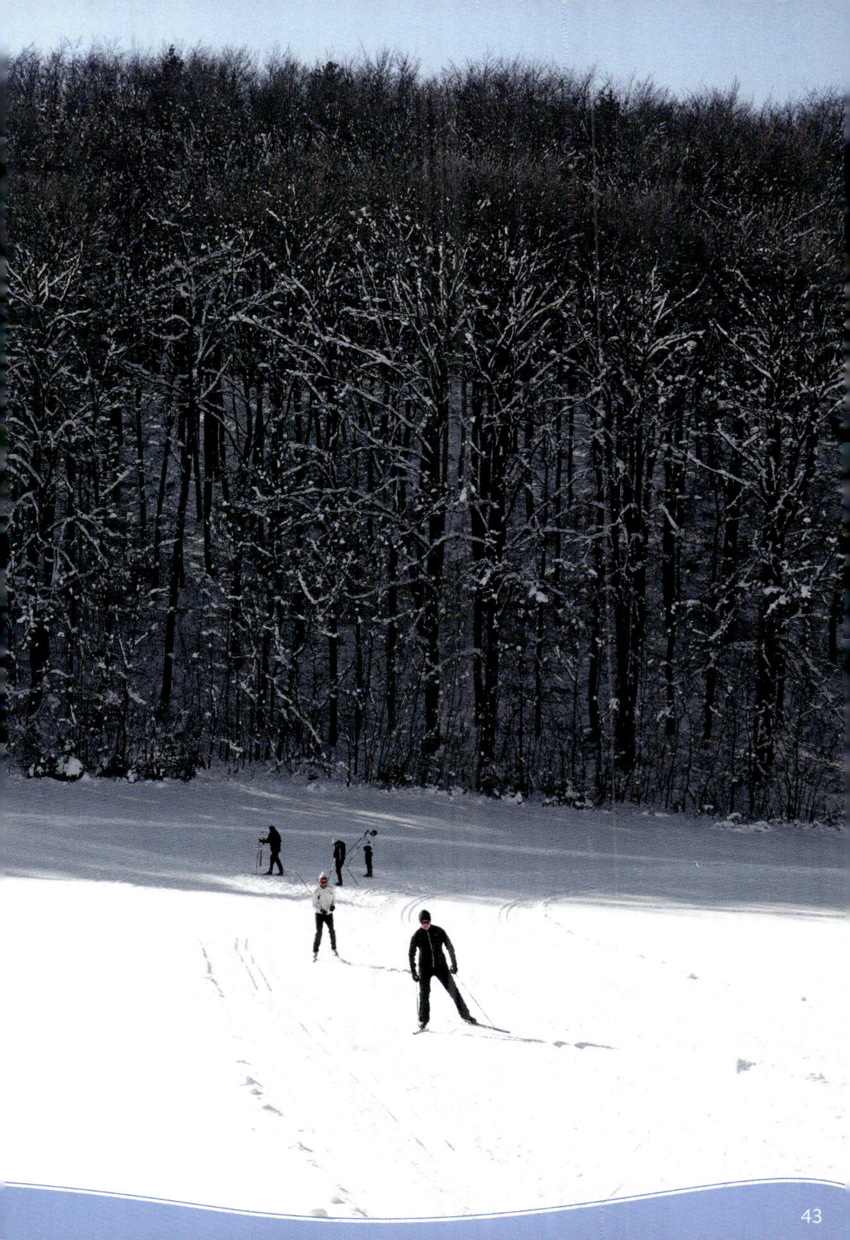

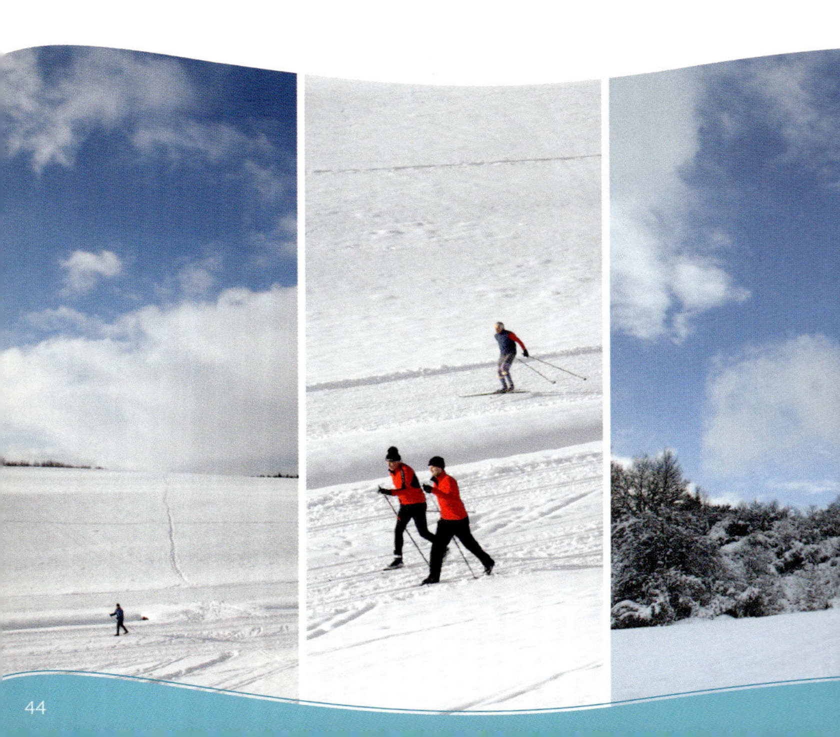

Kleinengstingen

Kleinengstingen hat mit der 8 km langen Kohltal-Loipe einen Klassiker im Langlaufprogramm. Bei sehr guten Schneeverhältnissen sind außerdem die Häule-Loipe (4 km) und die Loipe Rund um Kalkofen (3 km) gespurt. Alle drei Loipen lassen sich dann auch gut kombinieren.

Schnee-Infos:
0152-03793465
www.engstingen.de

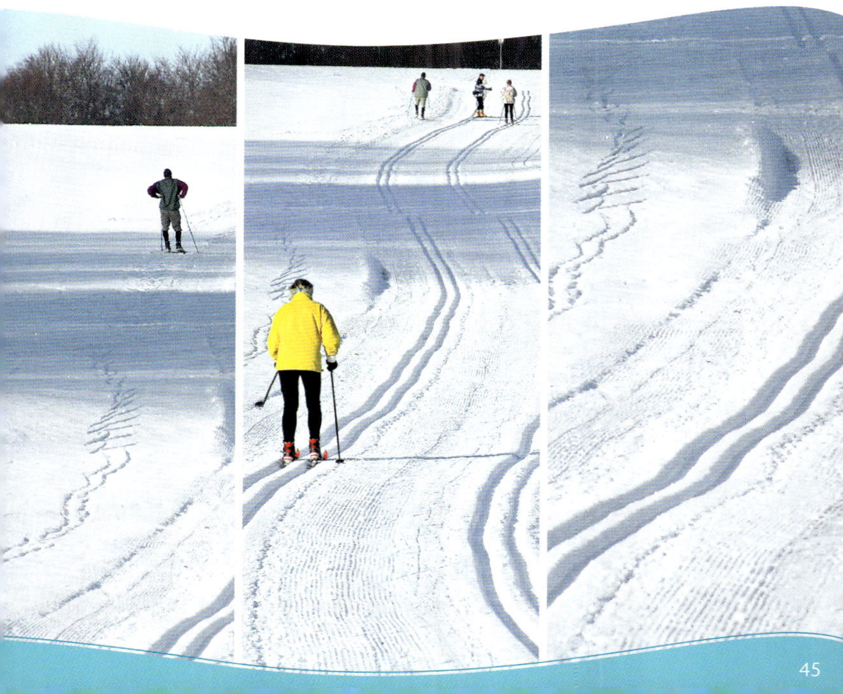

Tour 11 Kohltal-Loipe

Ideale Allwetter-Loipe mit Aussicht sowohl für Anfänger als auch für sportlich motivierte Läufer.

Streckenprofil: **8 km**
1,5 Stunden
Höhenmeter: 230 m

Anfahrt:

Aus Richtung Reutlingen führt der Weg über Pfullingen und Lichtenstein nach Kleinengstingen. Aus Richtung Tübingen bietet sich theoretisch auch die Anfahrt über Gomaringen, Gönningen, Genkingen zum Traifelberg und dann weiter nach Kleinengstingen an. Es gibt zwei Einstiegspunkte in die zweispurige Loipe: Den Parkplatz an der B 312, auf der Anhöhe kurz nach dem Ortsausgang Kleinengstingen Richtung Bernloch, und den eigentlichen Startpunkt im Kohltal am Skilift des TSV Kleinengstingen.

Loipenverlauf:

Die Engstinger Loipe ist mit einer Länge von knapp 8 km und der Möglichkeit, den schwersten und längsten Anstieg auch auszulassen, eine ideale Loipe für jede Altersklasse und Laufstärke. Die Kohltal-Loipe liegt landschaftlich reizvoll und bietet nicht nur bei Sonnenschein herrliche Ausblicke, die für die Anstrengungen leicht entschädigen.
Die Skiabteilung des TSV Kleinengstingen hält die Spuren bestens in Schuss. Mit professionellem Gerät wird oft noch in der Nacht gespurt, damit Loipen-Freaks schon am Morgen wieder optimale Bedingungen vorfinden. Dank guter Ausschilderung fällt auch die Orientierung leicht.

Die Loipe ist für den klassischen Stil präpariert. Wir beginnen unsere Tour am Skilift des TSV. Sanft durchs Kohltal Richtung Aschwang ansteigend, können wir uns warm laufen. Der erste kurze Anstieg, den die Geübten ohne Grätschschritt bewältigen, führt kurz durch den Wald, ehe wir die weite Lichtung des Aschwang erreichen, die je nach Lichteinstrahlung und Wetter immer wieder

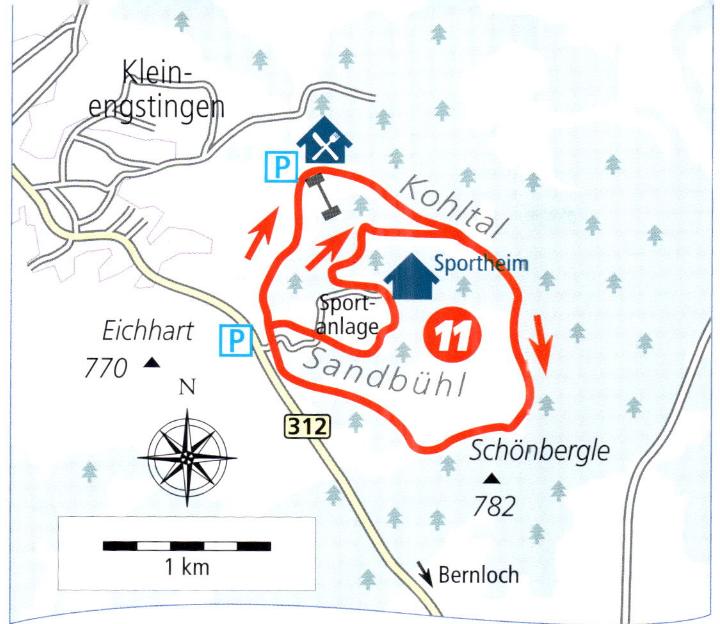

anders aussieht und vielfältige Ausblicke bietet. Eben geht es nach diesen ersten rund 1,5 km in Richtung Bernloch. Eine kurze und problemlose Abfahrt und der nachfolgende leichte Anstieg bringen den Puls wieder hoch. Immer am Waldrand der Lichtung entlang, gleiten wir am zweiten Jägerstand vorbei Richtung B 312. Etwa 200 m nach dem Jägerstand knickt die Loipe nach rechts ab über die Lichtung und dann in leichten, knackigen Anstiegen erneut in Richtung der B 312. Ein kurzes Stück führt die Spur entlang der Bundesstraße. Wir nutzen die Gelegenheit, Kräfte für den härtesten Anstieg der Kleinengstinger Loipe zu sammeln.

Wir kreuzen den Weg, der zum Sportplatz und Sportheim des TSV Kleinengstingen hinaufführt, das auch unser nächstes Ziel ist. Hier befindet sich der Parkplatz an der B 312, der sich als zweite gute Einstiegsmöglichkeit in die Loipe anbietet – und an dieser Stelle muss sich der weniger geübte Langläufer entscheiden: Will er den schweißtreibenden Anstieg in Angriff nehmen? Und sich vor allem die Frage stellen: Bin ich schon so weit, dass ich die nachfolgende 600 m lange Abfahrt ins Tal wage?

Doch keine Angst, heruntergekommen ist bislang jeder. Wer sich das dennoch nicht zutraut oder wer schon genug hat, kann die einfachere Variante halb rechts wählen und sanft nach unten ins Kohltal und zum Ausgangspunkt der Loipe hinuntergleiten. Diese Abkürzung ist aber nur dann gespurt, wenn wirklich viel Schnee liegt. Ansonsten verhindern die Ackerschollen eine gemütliche Abfahrt und es wird ziemlich ruppig. Wir lassen uns aber nicht lumpen und nehmen nach einem Rechtsbogen den rund 400 m langen, relativ steilen Anstieg hinauf zu den Willy-Werner-Sportanlagen in Angriff. Nicht wenige unterschätzen die Steigung. Wer sie zu schnell angeht, dem geht im oberen Drittel die Puste aus. Also Tempo rausnehmen und genießen, wenn die Wintersonne während des Anstiegs den Rücken wärmt. Oben werden die Lichtung und der Trainingsplatz des TSV umrundet. Der Puls beginnt sich wieder zu beruhigen. Am Sportheim vorbei, freuen wir uns am weiten Blick bis zu den Windrädern bei Melchingen.

Rechts abbiegend, nähern wir uns nun in kleinen Schlenkern der Abfahrt zurück ins Kohltal. Rechtzeitig warnt ein Schild nochmals vor der Gefällstrecke, die an einem Nordhang liegt. Doch keine Angst, Stürze sind selten, und wer sich nicht so recht traut, fährt eben nur mit einem Ski in der Spur und mit dem anderen parallel dazu im ungespurten Bereich, um etwas Fahrt herauszunehmen.

Tückisch kann es am Ende der Abfahrt werden, wenn die Loipe eine Wende von rund 140 Grad macht. Wer zu schnell ist, sollte die Kurve im Stemmbogen nehmen. Sind diese Klippen umschifft, wird der Langläufer durch eine weitere, etwa 600 m lange und leicht bergab führende Strecke zurück zum Ausgangspunkt am TSV-Skilift entschädigt.

Sind die Spuren vereist, reicht aber auch das letzte Stück, um ordentlich Fahrt zu gewinnen. Selbst kleine Unebenheiten können dann zur Herausforderung für den Gleichgewichtssinn werden. Dennoch kann man seine Skier hier bedenkenlos sausen lassen. Bevor die Spuren den Skilift erreichen, läuft die Loipe in der Ebene aus. Im Übrigen gilt hier, wie überall beim Langlauf: Als Notbremse sich einfach in den weichen Schnee fallen lassen.

Die beiden zusätzlichen Loipen, die auf der Übersichtskarte am Parkplatz eingezeichnet sind, sind nur bei exquisiten Schneeverhältnissen gespurt. Dann aber sind sie ein nettes Angebot für alle, die nach der Kohltal-Loipe noch überschüssige Energie haben.

Die Häule-Loipe startet beim Kohltal-Lift und zieht sich auf der rechten Seite der Straße in Richtung Kleinengstingen und bietet Sicht auf das Dorf und einen Aussiedlerhof. Da sie weitgehend eben ist, eignet sie sich auch prima zum Einfahren oder für Anfänger.

Start der Loipe „Rund um Kalkofen" ist ebenfalls am Kohltal-Parkplatz, die Spur verläuft zunächst in der Kohltal-Loipe, dann biegt die Spur aber nach etwa 1 km rechts ab und zieht sich leicht ansteigend zur B 312 hoch. Es folgen zwei kleine Abfahrten durch die Obstanlage und entlang der Grundschule, bevor die Loipe an der Zufahrt des Skigebiets wieder zum Ausgangspunkt führt.

Tipp:

Als Faustregel kann gelten: Wenn der Skilift in Betrieb ist, dann ist in aller Regel auch die Skihütte bewirtet. Die Hütte liegt, vom Lift aus gesehen, rechts zwischen den Bäumen versteckt. Dort trifft man sich mit Gleichgesinnten. An den Wochenenden gibt es dort neben dem klassischen Glühwein andere alkoholische, aber auch nichtalkoholische Getränke wie Kinderpunsch. Außerdem werden Kuchen, Wurstwecken, heiße Saiten oder – während der Skikurse – Maultaschen und andere leckere Sachen angeboten.

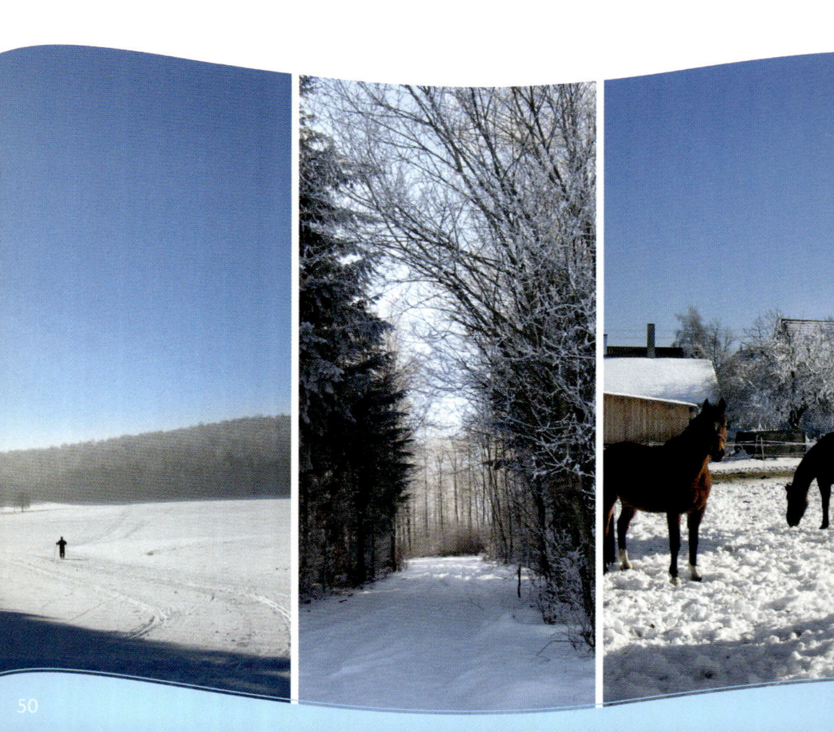

Hohenstein

Hohenstein hat in den Teilgemeinden Meidelstetten und Ödenwaldstetten zwei Loipen mit zusammen knapp 20 km Länge. Die eher romantische Dachenstein-Loipe führt entlang klassischer Wacholderheiden-Landschaft, während die Ödenwaldstetten-Loipe sich über die karge, weite, menschenleere Hochebene zieht.

Schnee-Infos:
07387-98700 während der Geschäftszeiten des Rathauses
www.gemeinde-hohenstein.de

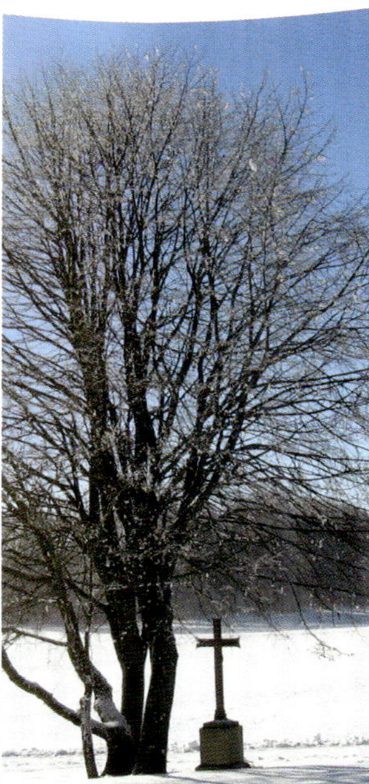

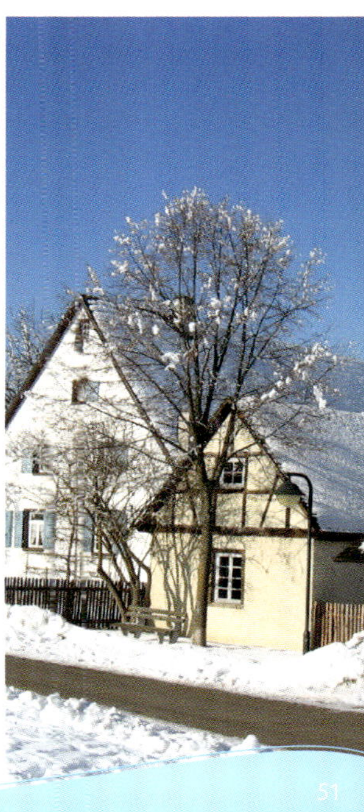

Tour 12 Ödenwaldstetten-Loipe

Eine technisch recht einfache Loipe - mit Ausnahme der Abfahrt ins Bocktal. Ideal für sonnige Tage, aber sehr ungeschützt.

Streckenprofil: **14 km**
Teilstrecke: 8 km
3 Stunden
Anstiegshöhenmeter: 100 m

Anfahrt:
Aus Richtung Tübingen und Reutlingen am einfachsten über die B 312 bis Bernloch und dort nach Ödenwaldstetten abbiegen. In Ödenwaldstetten der Ausschilderung zum Bauernhausmuseum folgen. Dort gibt es Parkplätze.

Loipenverlauf:
Das schmucke Bauernhausmuseum liegt am Ortsrand von Ödenwaldstetten und ist Ausgangs- und Endpunkt der Ödenwaldstetten-Loipe. Die Spur, die auf 730 bis 800 m Höhe verläuft, führt in zwei Teilstücken in einem großen Bogen um den Ort. Wer sich mit einer kleineren Runde begnügt, dem sei das rund 8 km lange Südstück, die so genannte Geißberg-Loipe empfohlen. Sie zieht sich vom Bauernhausmuseum in südöstlicher Richtung nach links langsam bergan, überquert nach rund 1 km einen Wirtschaftsweg und führt in langsamem Auf und Ab bis auf eine weite Hochebene. Vorsicht: Die Loipe überquert mehrfach Sträßchen und Wege, die die Loipe je nach Schneelage unterbrechen. Außerdem muss man auf Autos achten.

Die Loipe zieht sich in einem großen Bogen sanft weiter in die Höhe und macht nach einiger Zeit eine Linkskurve, die völlig neue Aussichten eröffnet. Links reicht der Blick jetzt bis ins Tal in Richtung Reutlingen. Es ist weit, ruhig, einsam – und manchmal ziemlich zugig. Da die Doppelspur-Loipe nur nach frischem Schneefall gespurt wird, ist sie hier oben manchmal auch vom Wind verweht. In diesem Fall kann man sich grob in Richtung Norden und später an der Verbindungsstraße zwischen Ödenwaldstetten und Eglingen orientieren.

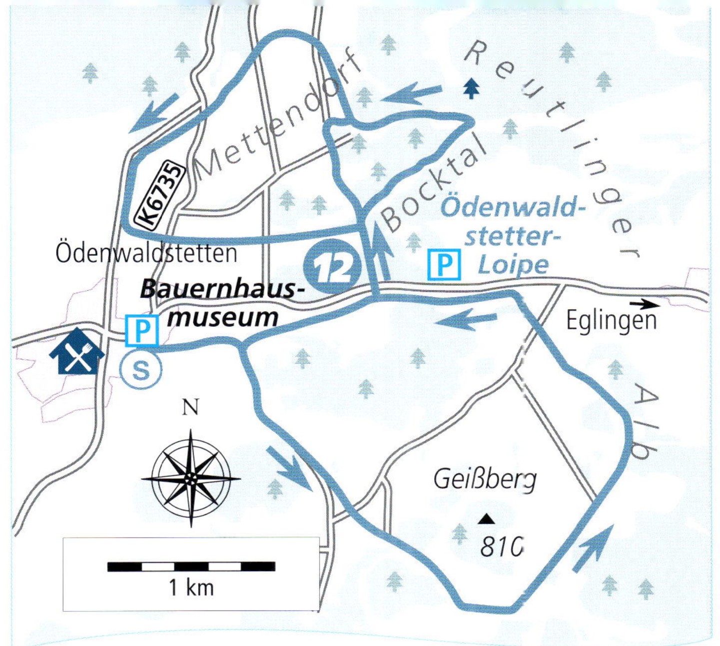

Nach einer weiteren Linkskurve geht es langsam bergab, bis die Loipe ein Stück parallel zur Straße von Ödenwaldstetten nach Eglingen führt. Die dann folgende Abfahrt lässt sich gemächlich an. Bei hartem Schnee gewinnt man aber rasch an Fahrt, was unten, wo die Loipe mit einer kleinen S-Kurve zwischen einer Baumgruppe bis direkt an die Straße geführt wird, zur Herausforderung wird. Am Ende der Abfahrt kann man die Straße überqueren und die 6 km lange Nordrunde anschließen. Wer sich mit dem Südteil begnügt, orientiert sich jetzt wieder links, erklimmt mit ein paar Grätschschritten einen kleinen Hügel, um bald wieder in Sichtweite des Ausgangspunkts zu kommen. Nach dem Überqueren des Wirtschaftswegs hält man sich rechts und gelangt so nach rund 800 m wieder zum Parkplatz am Bauernhausmuseum zurück.

Die Nordroute verläuft im Gegensatz zur Südroute über größere Teile im Wald. Nach dem Einstieg an der Straße zwischen Ödenwaldstetten und Eglingen (rund 500 m in Richtung Eglingen befindet sich ein Parkplatz und eine Grillstelle) geht es rechts in der Nähe des Kindernaturschutzgebietes Hüttenstuhlburren zunächst sanft, dann durchaus steil abwärts ins Bocktal. Wer sich auf der Abfahrt im Wald eher unsicher fühlt, sollte hier für rund 200 m lieber abschnallen. Nach der Abfahrt, die bis auf 704 m, dem tiefsten Punkt der Loipe führt, folgt ein kleiner Anstieg bis die Loipe wieder das freie Feld, das Gewann Mettendorf, erreicht. Wer sich nun links hält, könnte die Tour abkürzen und nach einem kurzen Anstieg wieder zum Ausgangspunkt zurückkehren. Wer rechts fährt, umrundet die Hochebene - die Sicht wird durch Baumgruppen begrenzt, was aber Schutz vor dem Wind bietet. Nun wendet sich die Loipe nach Südwesten, überquert die Straße, die nach Marbach führt und zieht sich in einem Bogen bis fast zum Ausgangspunkt zurück. An der Kreuzung statt in Richtung Bocktal nun rechts abbiegen. Nach einem kurzen Stück erreicht man so die Südroute. Rechts geht es zurück zum Bauernhausmuseum. Leider hält das Bauernhausmuseum vom 1. November bis 30. April Winterschlaf. Neugierige können dann allenfalls einen Blick über den Gartenzaun in den weitläufigen Bauerngarten mit seinen Zier-, Gewürz- und Heilpflanzen werfen. Wer nun neugierig geworden ist, und doch die Werkstätten von Besenbindern bis Wagner oder die Festtagstrachten der Albbewohner sehen will, hat noch eine Chance: Für Gruppen organisiert die Gemeinde Hohenstein auf Anmeldung gelegentlich Sonderführungen.

Tipp:

Hausbrauereien gibt es einige auf der Schwäbischen Alb. Der „Brauerei-Gasthof Lamm" mit „Speidels Brauerei'le" im Ortszentrum von Ödenwaldstetten nimmt aber für sich in Anspruch, die kleinste Hausbrauerei Deutschlands zu sein. Der Gasthof, in dem das frische, naturtrübe Bier ausgeschenkt wird, lohnt den Einkehrschwung unter allen Umständen. Auch die Speisekarte kann sich sehen lassen: Von Speidel-Biersuppe mit Speckknödel bis zur Lammkeule. www.speidels-brauereile.de

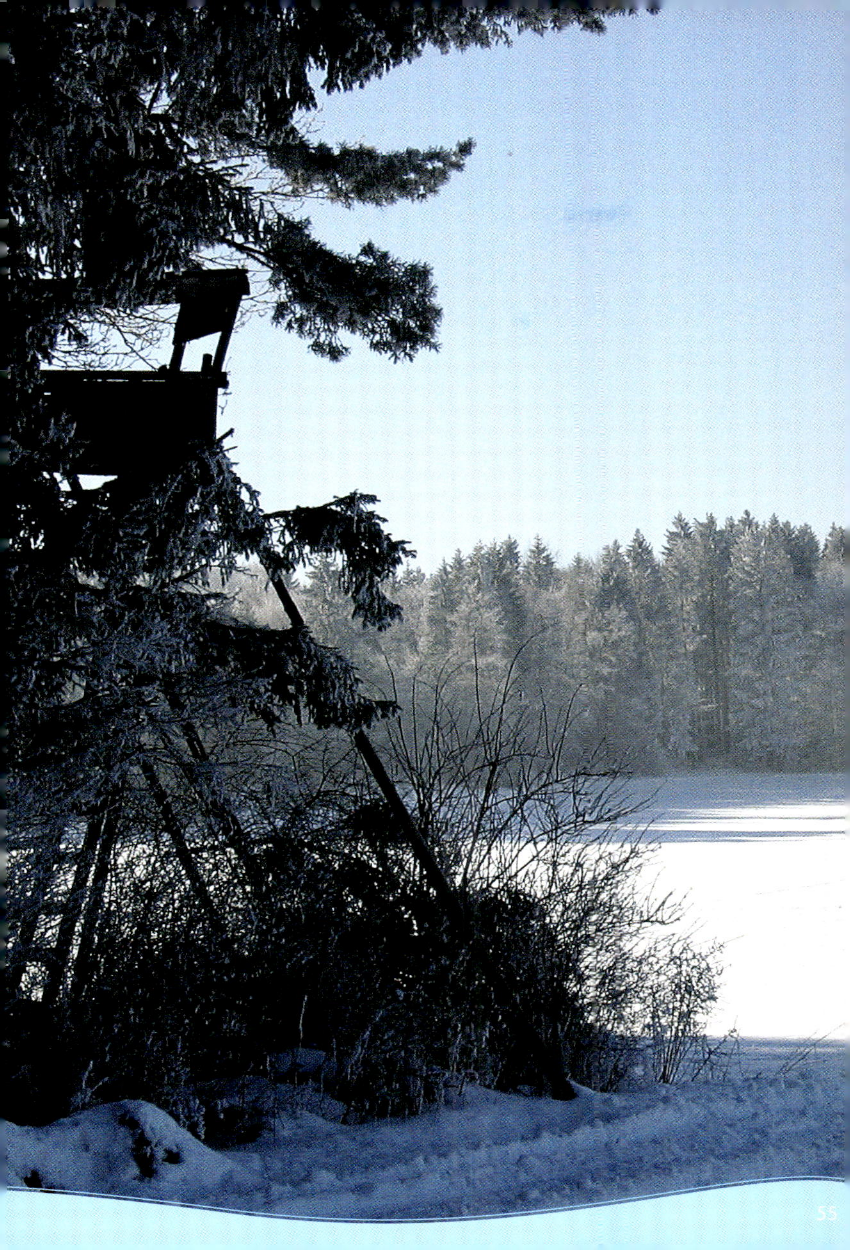

Tour 13 Dachenstein-Loipe

Eine kleine, aber feine Tour, die viel Landschaftserlebnisse und Ruhe bietet. Da sie oft am Waldrand entlang führt, ist sie windgeschützt und damit auch an etwas ungemütlicheren Tagen gut zu fahren

Streckenprofil: **5,5 km**
1 Stunde
Anstiegshöhenmeter: 40 m

Anfahrt:
Aus Richtung Tübingen/Reutlingen über die B312 nach Großengstingen. Dort auf die B 313 abbiegen und entweder noch in Großengstingen oder bei der Haidkapelle nach links in Richtung Meidelstetten abbiegen. Kurz vor dem Ortseingang Meidelstetten befindet sich auf der linken Seite ein Parkplatz.

Loipenverlauf:
Die Dachenstein-Loipe bietet Schwäbische Alb im Schnelldurchlauf: Wacholderheide, kleine Dolinen, bewaldete Berge und weite Sicht. Und dies alles in unberührter Landschaft und mit einer technisch einfachen, aber sehr abwechslungsreichen Streckenführung.

Am Parkplatz ist jenseits des schmalen Sträßchens die Loipe sofort sichtbar. Gegen den Uhrzeigersinn gefahren zieht sich die Spur nun sanft bergab und bleibt immer in Sichtweite der Straße, was aber gar nicht stört, da die Wacholderbüsche auf der gegenüberliegenden Straßenseite viel interessanter sind.

Nachdem wir einen Weg überquert haben, wendet sich die Loipe bald von der Straße ab. Von nun an folgt die Spur die nächsten Kilometer fast ausschließlich dem Rand der vielen kleinen Wäldchen, die diesen Teil der Alb bedecken. Nach einem kurzen – moderaten- Auf und Ab geht es links bergauf, Orientierung bietet ein Hochsitz am rechten Waldrand. Von dort aus kommen schon bald die Häuser des Weilers Hohensteig ins Blickfeld, rechter Hand liegt der Dachenstein, der der Tour ihren Namen gab.

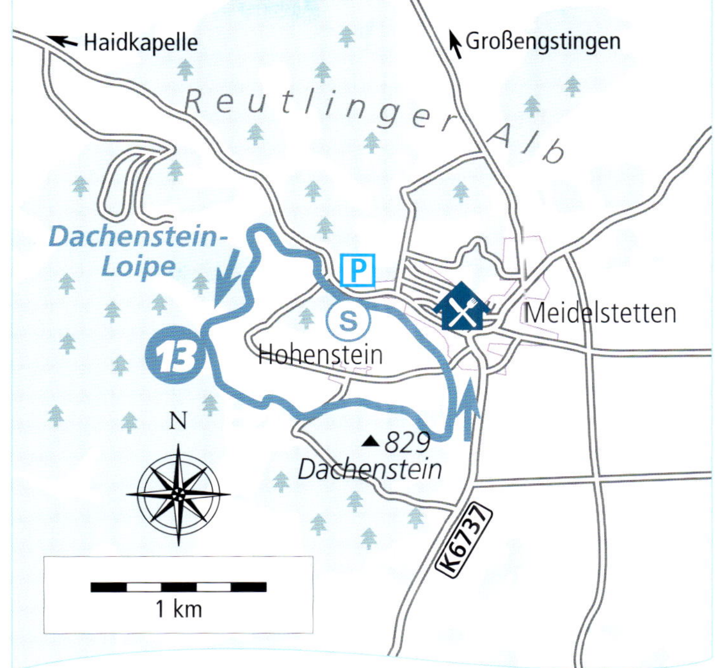

Wir halten uns immer rechts, überqueren den Rundwanderweg und folgen der Spur entlang der Bergkette, am Ameisenberg vorbei in Richtung Dachenstein. Kurz vor dem Dachenstein wartet dann eine kurze, aber etwas steilere Abfahrt, die aber durch den langen Auslauf entschärft wird.

Am Dachenstein führt die Loipe schließlich wieder am Waldrand entlang – da der Berg einen markanten Aussichtsturm besitzt, der auf einen Felsen gebaut wurde, lohnt es sich, einen kleinen Abstecher zu Fuß einzuplanen: Für den Umweg entlohnt eine fantastische Aussicht, die sich von Meidelstetten bis nach Bernloch und in Richtung Südosten bis an den Ortsrand von Ödenwaldstetten erstreckt. Am Ende des Bergs folgt wieder eine kleine Abfahrt, rechts kommt die Pferdeschule Wolf ins Blickfeld. Die Loipe führt nun direkt auf den Ort zu. Hinter dem Jugendtreff geht es links weiter, eine sanfte Abfahrt führt wieder zum Ausgangspunkt am Parkplatz zurück.

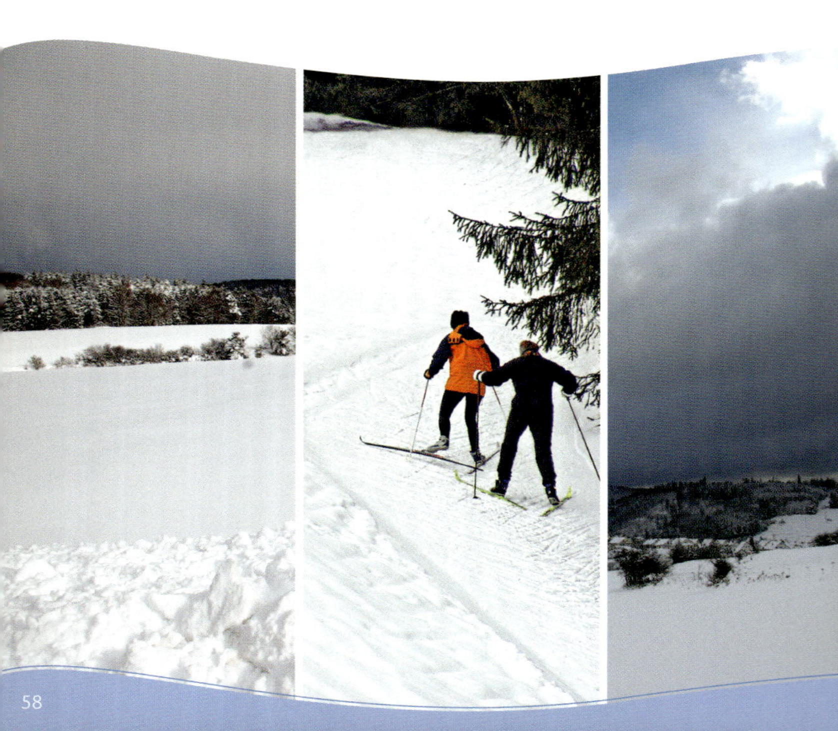

Mehrstetten

Die kleinste Gemeinde im Landkreis Reutlingen ist eine gute Adresse für Langläufer: 30 km lang ist das Loipennetz, das sich durch klassische Alblandschaft mit Wacholderheide, Wäldchen und Trockentälern zieht. Unser Favorit: Die Böttental-Loipe.

Schnee-Infos:
0 7381-93 42 64
www-mehrstetten.de

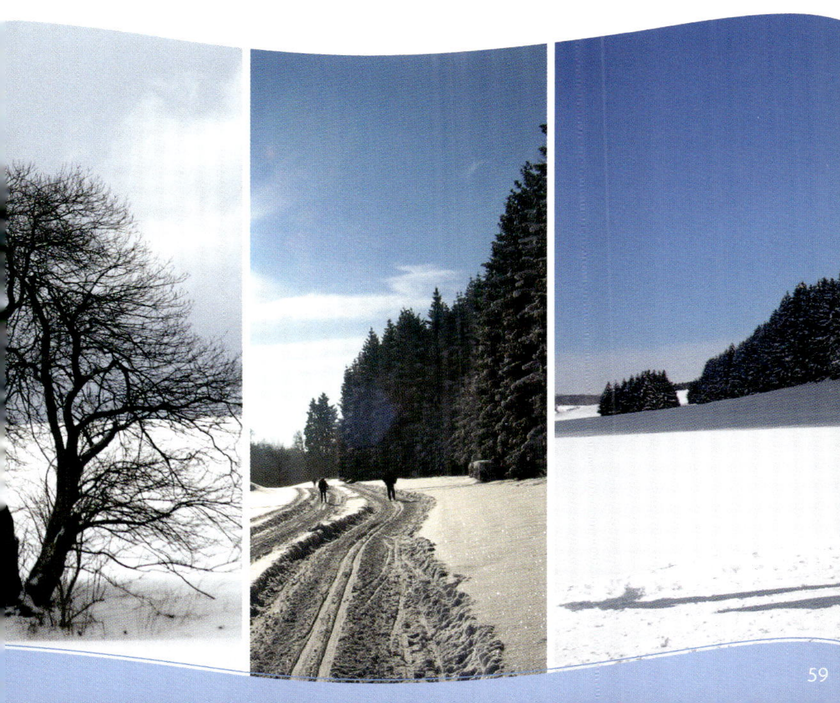

Tour 14 Böttental-Loipe

Die Loipe führt durch eine wunderschöne, oft unberührte Alblandschaft. Einige Abfahrten und steile Anstiege verlangen etwas Langlauferfahrung.

Streckenprofil: **ca. 12 km**
2,5 bis 3 Stunden
Höhenmeter: 140 m

Anfahrt:

Man erreicht den Ort Mehrstetten von Reutlingen her kommend am besten über die Albaufstiege „Honauer Steige" oder „Holzelfinger Steige".
Auf der Albhochfläche verlässt man die B 312, die über die „Honauer Steige" hinaufführt, an der Kreuzung mit der L 230 und gelangt auf dieser nach Münsingen. Nach der „Holzelfinger Steige" fährt man durch Holzelfingen durch und weiter bis zur Kreuzung mit der L 230.

In Münsingen und durch die Stadt hindurch folgt man der B 465, die von Bad Urach heraufkommt. Die B 465 geht in Richtung Ehingen/Donau. Nach dem kleinen Weiler Oberheutal folgt bald der Bahnhof Mehrstetten. Dort biegt man nach links von der B 465 ab und ist nach wenigen Kilometern in Mehrstetten. Den Schildern „Sportplatz" folgen und bald ist der dortige Parkplatz als Ausgangspunkt für die Langlauftour erreicht.

Loipenverlauf:

Bevor der Langläufer am Sportheim die Ski anschnallt, sollte er sich mit Dehnübungen und Gymnastik gut aufwärmen. Dies gilt nicht nur vor dem Start in die Böttental-Loipe, sondern generell, bevor es in die Loipe geht. Doch bei der Böttental-Loipe kommt sofort nach dem Start eine nicht ganz einfache Abfahrt. Flott nähert man sich dem Grund des Böttentals.
Der Abschnitt vor dem Skilift, der ein Stück durch den Wald führt, ist – vor allem wenn dort der Untergrund etwas hart oder gar vereist ist – recht tückisch. Wer sich nicht ganz sicher fühlt und auf den Skiern keinen guten Stand hat, sollte da für ein paar Meter besser abschnallen. Die recht ausgedehnte

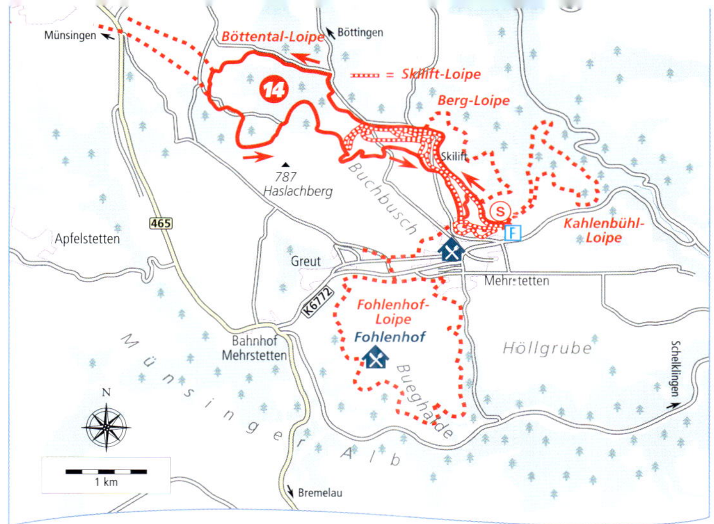

Abfahrt führt in mehreren Abschnitten, die nur von einigen wenigen flacheren Passagen unterbrochen sind, hinunter ins Böttental und ist erst zu Ende, wenn der Mehrstetter Skilift in Sicht kommt. Die Loipe schlängelt sich weiter durchs enge Tal, ein Naturschutzgebiet. Immer wieder wechseln leichte Anstiege mit kleineren Abfahrten. Bald ist Abschnallen angesagt, um die Straße zwischen Mehrstetten und Böttingen zu überqueren.

Aus dem Talgrund wendet sich die Loipe schließlich in nordwestliche Richtung und rasch befindet sich der Langläufer in einem langgezogenen Anstieg. Bisweilen hat es den Anschein, als wolle der Anstieg kein Ende nehmen, doch wenn auf einer Kuppe gegenüber Windräder zu sehen sind, ist es beinahe geschafft.

Die Spur läuft weiter mal etwas bergauf, dann wieder bergab – technisch einfache Abfahrten laden dazu ein, den Skiern freien Lauf zu lassen und die Abfahrtshocke zu üben. Auf leicht abfallender Passage geht es durch ein Waldstück. Wieder in freier Landschaft nähert sich der Langläufer Mehrstetten in mehreren Schleifen, die am Waldrand entlangführen. Die ersten Häuser kommen in Sicht und wenn man linker Hand das Sportgelände sieht, sind es bis zum Ausgangspunkt der Tour noch ungefähr 400 m.

Die Böttental-Loipe ist bestens präpariert und narrensicher ausgeschildert – dafür sorgt Roland Mettang, der die Loipen im Auftrag der Gemeinde spurt. Vom Parkplatz beim Skilift Böttental gibt es übrigens auch noch eine 5 km lange Skating-Strecke.

Nach der langen Abfahrt auf der Böttental-Loipe hinunter zum Skilift hat man bald Anschluss an die Loipe „Berg" (8 km), die aber nicht immer gespurt ist. Auch die 5 km lange Kahlenbühl-Loipe (die vielen auch als Bodenhau-Loipe bekannt ist) bietet sich für eine Verlängerung an. Die Fohlenhof-Loipe, die am Fohlenhof südlich der Gemeinde beginnt, ist eine 5 km lange Rundtour durch flaches Gelände, die sich auch für Skiwanderer oder Anfänger eignet.

Es sei abschließend noch einmal darauf hingewiesen, dass die Böttental-Loipe nichts für „Greenhorns" ist: Wer zum ersten Mal die schmalen Latten angeschnallt hat, der sollte sich zunächst auf weniger anspruchsvolles Terrain begeben und für seine ersten Langlauf-Ausflüge eher die Berghau-Loipe bei Erkenbrechtsweiler oder auch die Grabenstetter Loipe auswählen, die beide in meist ebenem Gelände verlaufen. Die Böttental-Loipe verlangt jedenfalls aufgrund etlicher Aufstiege und Abfahrten eine fortgeschrittene Skitechnik sowie einen sicheren Stand - und auch Bremstechniken, wie etwa den „Pflug" mit einem Ski, sollte der Skilangläufer mühelos beherrschen.

Tipp:

Alle drei Gasthöfe in Mehrstetten, der „Hirsch im Grünen", das „Lamm" und der „Fohlenhof" eignen sich für Langläufer bestens als gastronomisches Ziel, liegen sie doch kaum 200 m von der jeweiligen Loipe entfernt. In allen drei Gaststätten gibt es gutbürgerlich-schwäbische Küche.

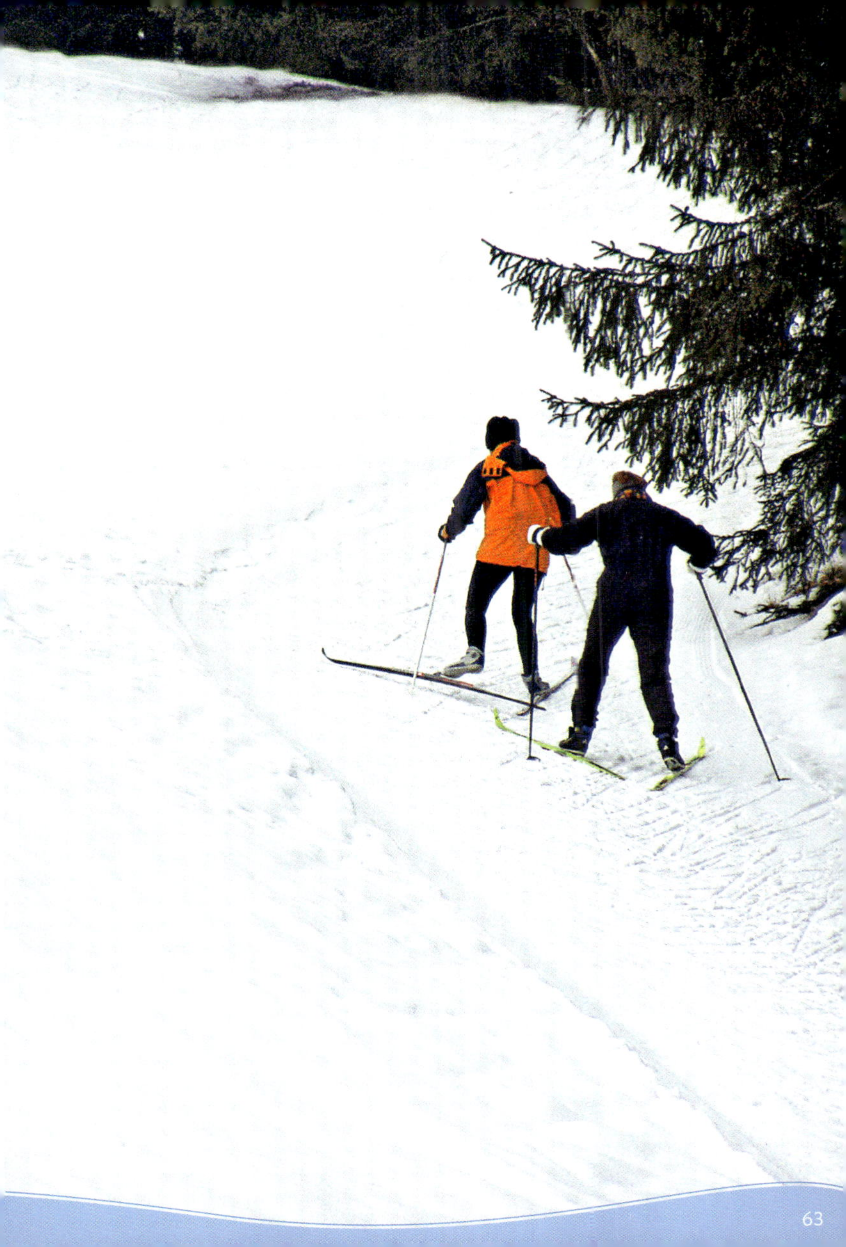

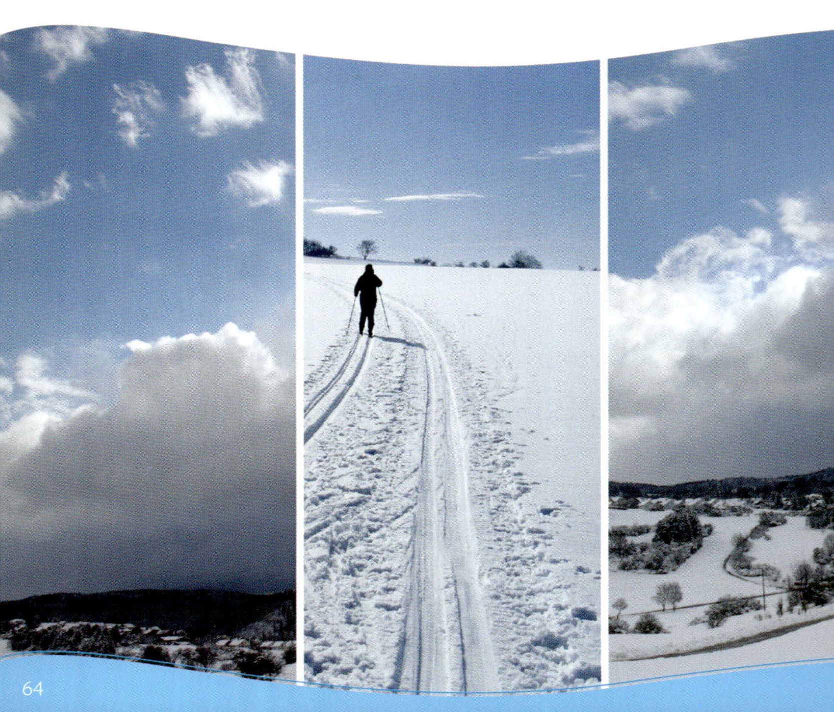

Erkenbrechtsweiler

Auf diesem Teil der Uracher Alb liegt eine der sonnigsten Loipen der Region.

Schnee-Infos:
07026-9 50 12 28
www.erkenbrechtsweiler.de

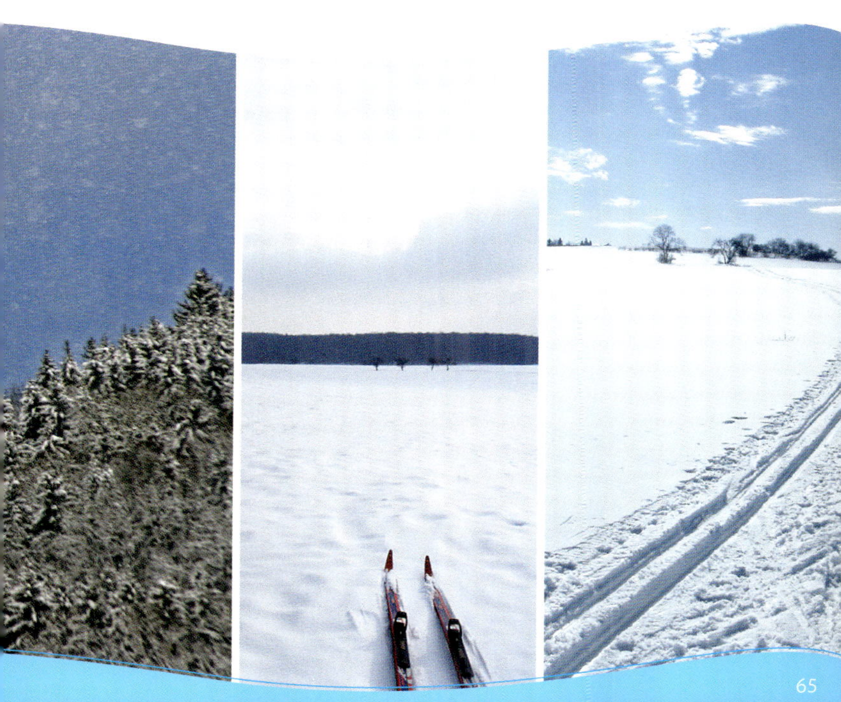

Tour 15 Berghau-Loipe

An schönen Wintertagen erwartet Sie eine Loipe, die größtenteils voll in der Sonne liegt. Gespurt wird die Loipe von den Alb-Rangern des Naturschutzzentrums in Schopfloch.

Streckenprofil: **ca. 8 km**
1,5 bis 2 Stunden
Höhenmeter: 25 m

Anfahrt:
Offizieller Ausgangspunkt ist die Gemeindehalle in Erkenbrechtsweiler, die neben der Straße von Erkenbrechtsweiler nach Hochwang liegt. Ab dort ist die Loipe schon ausgeschildert. Weitere Einstiegsmöglichkeiten gibt es aber auch entlang der Straße zwischen Erkenbrechtsweiler und der Einmündung in die Straße zwischen Hülben und Grabenstetten (L 250) unweit des Gasthofs „Burrenhof". Der Ausgangspunkt für eine Tour auf der Berghau-Loipe kann aber auch am Wäldchen westlich des Segelfluggeländes an der (K 6759) liegen. Kommt man aus dem „Unterland", bietet sich als Aufstieg auf die Alb einmal die Beurener Steige an, die man zum Beispiel aus Richtung Nürtingen via Tiefenbachtal ansteuert. Oder man fährt durchs Neuffener Tal und gelangt auf der Neuffener Steige auf die Albhochfläche. Wer aus dem Raum Reutlingen/Metzingen kommt, wird zweckmäßigerweise die B 28 nach Bad Urach nehmen und dann nach Hülben hoch und weiter in Richtung Grabenstetten fahren.

Loipenverlauf:
Uns gefällt als Einstieg der Wanderparkplatz am westlichen Ende des Grabenstetter Segelfluggeländes am besten. Von dort geht's nämlich ganz leicht abfallend und ansonsten eben in nördliche Richtung hinüber zum Waldrand. Dort biegen wir nach rechts ab und laufen ostwärts immer am Waldsaum entlang. Nach knapp 2 km biegt die Berghau-Loipe scharf nach links in den Wald ab. Wer dort geradeaus weiterläuft, der ist bereits auf der Grabenstetter Loipe unterwegs, die in leichten Kurven, die dem Waldrand folgen, immer nach Osten verläuft, um dann in einem weiten Bogen Richtung Süden zum Ort Grabenstetten abzubiegen.

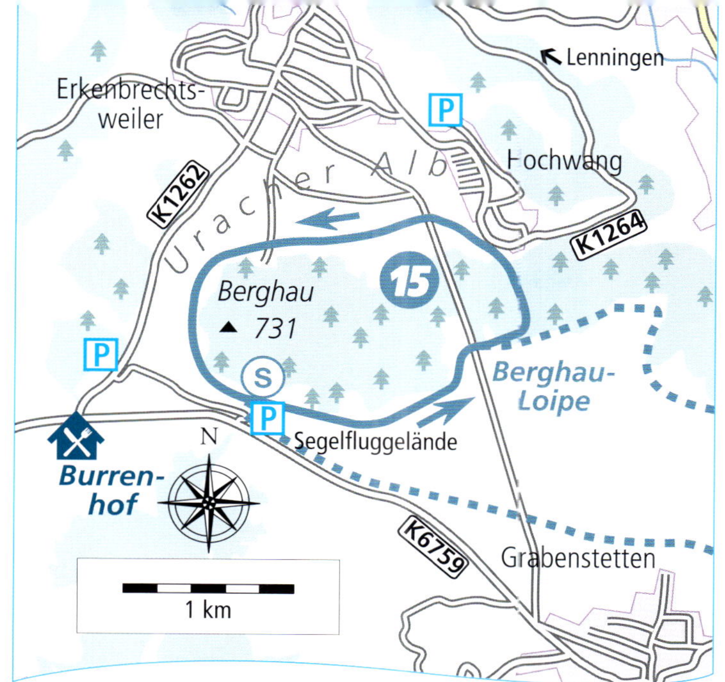

Wir nehmen die Waldpassage in Angriff, auf der es sich, liegt ausreichend Schnee, wunderbar gleiten lässt. Nach ein paar hundert Metern wird es wieder lichter, wir kommen aus dem Wald heraus und sehen den Ort Hochwang liegen. Dort gibt's aber noch keinen „Einkehrschwung": Wir wenden uns vielmehr nach links und damit westwärts.

Die Loipe führt jetzt auf der nördlichen Seite der Berghau genannten bewaldeten Erhebung zwischen Grabenstetten und Erkenbrechtsweiler weiter. Am westlichen Ende des Waldes geht es allmählich leicht bergan, bis dann ein kurzer, etwas steilerer Anstieg folgt, der aber keine nennenswerte Schwierigkeit darstellt. Oben angekommen, geht es mal etwas runter, mal wieder etwas rauf, bevor dann eine ungefähr 300 m lange Abfahrt wartet, die einen wieder auf die südliche Seite des Berghaus bringt. Dort hält sich der Langläufer nach links in Richtung Osten und erreicht schon bald die Rechtsabbiegespur, die ihn wieder zum Ausgangspunkt beim Segelfluggelände zurückführt.

Die besagte 300 m lange Abfahrt eignet sich im Übrigen gerade für Anfänger sehr gut, um ein wenig das Abfahren zu üben, dabei ein Gefühl für den etwas schneller dahingleitenden Langlaufski zu entwickeln und vielleicht auch schon mal die Abfahrtshocke auszuprobieren. Wer ein bisschen an seiner Langlauftechnik feilen möchte, der hat hier das ideale Gelände zur Verfügung. Der Langläufer kann diese 300 m mehrmals absolvieren und dabei Abfahrt und Aufstieg üben. Auf diesem sanft abfallenden Terrain ist nicht nur die Abfahrtshocke zu empfehlen, wer sich sicher fühlt, der kann bergab auch mit schnellen, kräftigen Doppelstockschüben hinuntersausen und dabei richtig Fahrt aufnehmen. Bergan heißt es, eine kleine Schrittfrequenz zu wählen, den Ski flach aufzusetzen, um sich dann vom Ski kräftig nach vorne-oben abzustoßen – Übung macht bekanntlich den Meister.

Tipp:

Wer die Berghau-Loipe und eventuell noch einen Teil der Grabenstetter Loipe unter die schmalen Bretter genommen hat, dem ist vielleicht nach einem „Einkehrschwung". Da ist der „Burrenhof" genau die richtige Adresse. Dieser Landgasthof liegt in freier Lage an der K 6759 zwischen Hülben und Grabenstetten, direkt an der Abzweigung der K 1262 in Richtung Erkenbrechtsweiler. In unmittelbarer Nachbarschaft finden sich Grabhügel, sogenannte „Burren", aus keltischer Zeit. Auch der berühmte Heidengraben, Überreste des berühmten Keltenwalls, ist ganz in der Nähe.

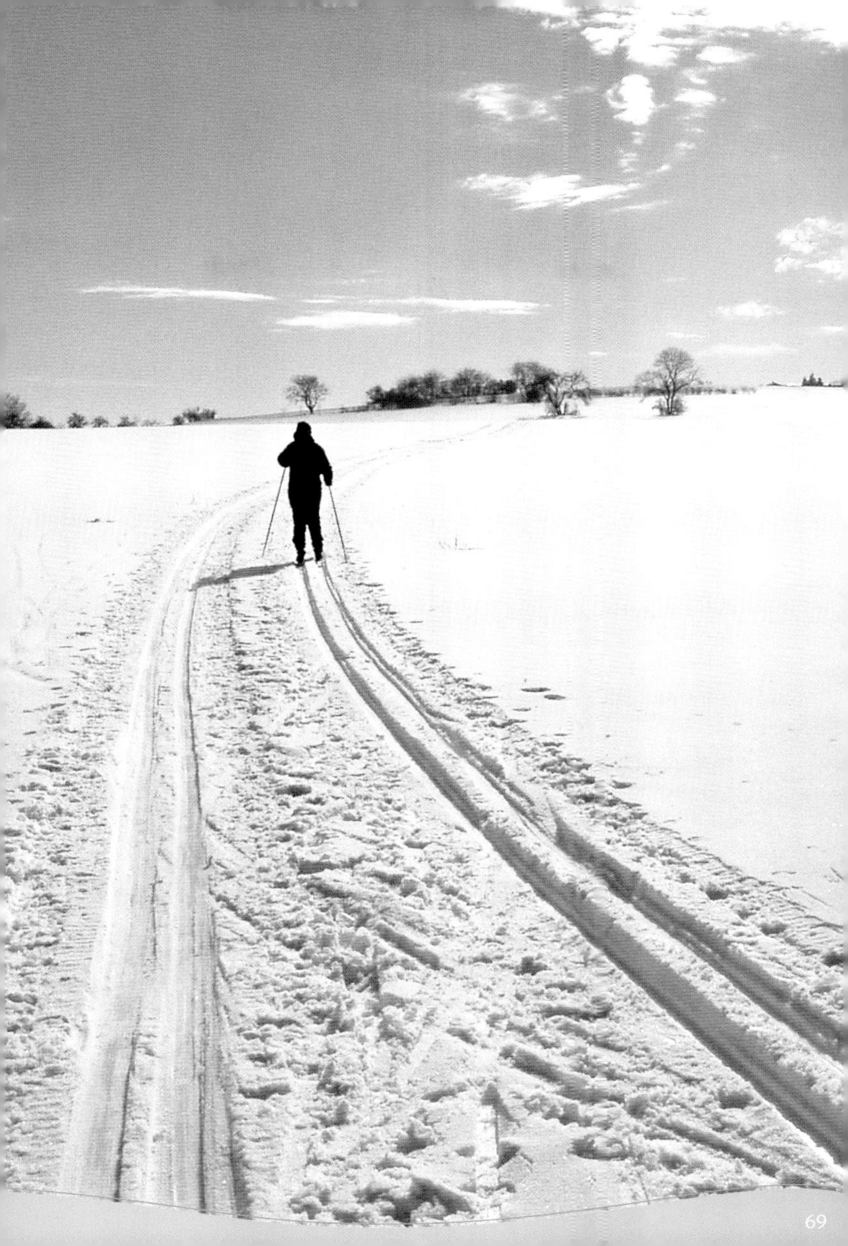

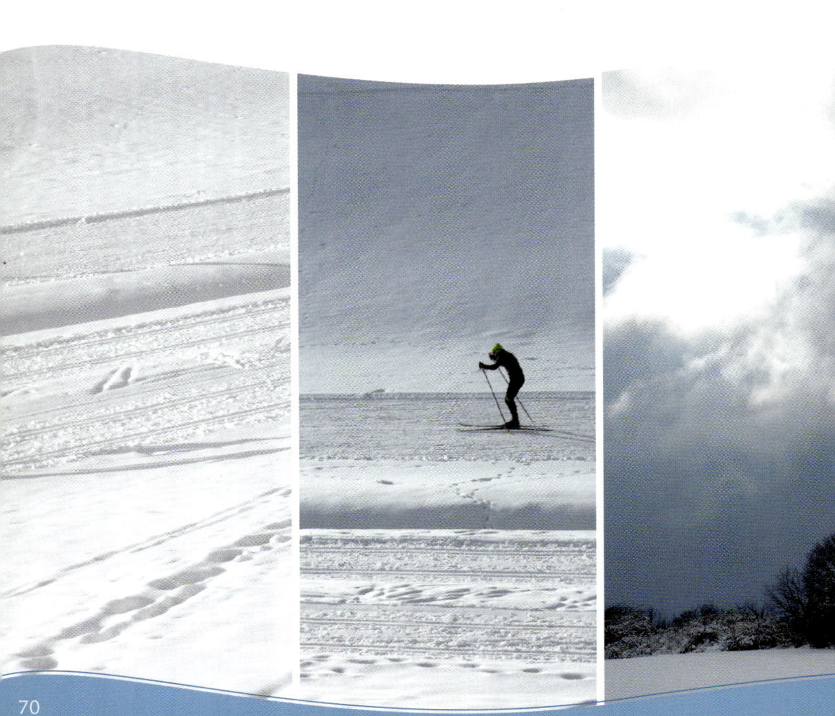

Gomadingen

Gomadingen hat drei Loipen mit völlig unterschiedlichem Charakter - darunter sind auch Touren für Langläufer, die eine sportliche Herausforderung suchen.

Schnee-Infos:
07385-96 96 33
www.gomadingen.de

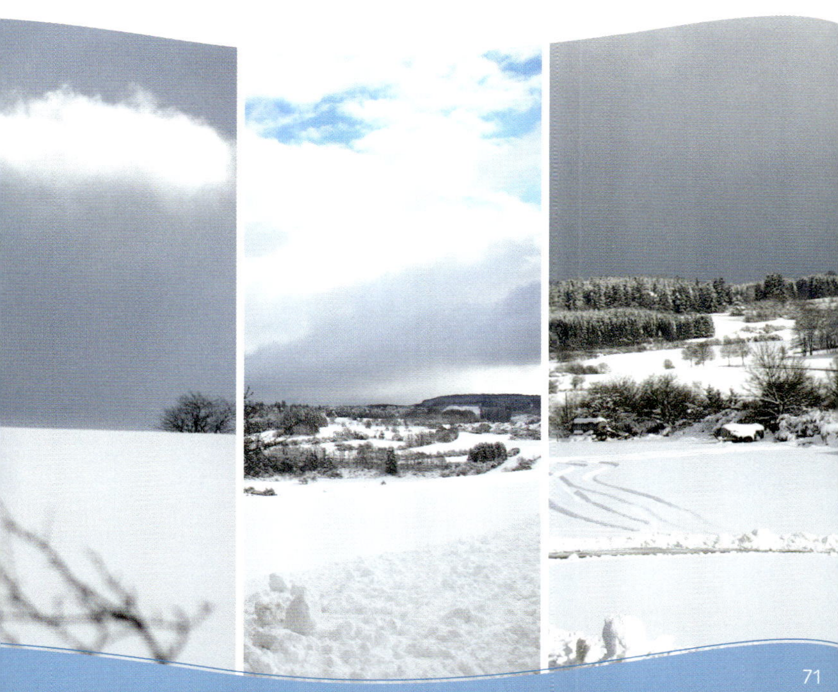

Tour 16 Sternberg-Loipe

Eine durchaus anspruchsvolle Loipe, die etliche Anstiege und eine tolle Schlussabfahrt bietet.

Streckenprofil: **8,5 km**
Teilstrecke 7 km
3 Stunden
Höhenmeter: 100 m

Anfahrt:
Das Gomadinger Loipennetz umfasst neben der Sternberg-Loipe auch noch die ebenfalls im Sternberggebiet angelegte Holzwiesen-Loipe (5 km, leicht) und die Jörgenbühl-Loipe (ca. 5 km, mittelschwer; Ausgangspunkt ist der Parkplatz beim Sportplatz in Dapfen). Die Loipen sind durch einen Ski-Wanderweg miteinander verbunden. Aus dem Raum Reutlingen nimmt man am besten die B 312 in Richtung Pfullingen und fährt weiter bis Lichtenstein-Unterhausen. Mitten im Ort geht es links ab nach Lichtenstein-Holzelfingen. Über die Holzelfinger Steige ist der kleine Ort nach knapp zehn Minuten erreicht. Man fährt durch Holzelfingen hindurch und bleibt so lange auf der Straße bis zu einer Kreuzung, an der die L 230 nach links in Richtung Münsingen abbiegt. Dann nach Gomadingen fahren und dort den Wegweisern in Richtung Sportanlagen, Hallenbad und Feriendorf folgen. So erreicht man den Parkplatz beim Sportheim sowie, etwas unterhalb gelegen, den Parkplatz beim Sternberg-Hallenbad – beides ideale Ausgangspunkte, die direkt an der Sternberg-Loipe liegen.

Loipenverlauf:
Die Loipe beginnt gleich am Parkplatz, über den Verlauf informiert ein Hinweisschild. Es geht nach einer kurzen offenen Passage leicht ansteigend zum Waldrand hoch, auf einer Kuppe geht's gleich in eine erste kleine Abfahrt über. Die Loipe steigt dann ganz allmählich wieder an.
Nach rund 400 m ist ein kleines Plateau erreicht. Die Loipe verläuft jetzt nach rechts in den Wald und steigt ordentlich an. Da heißt es den Rhythmus finden und kleine Diagonalschritte machen.

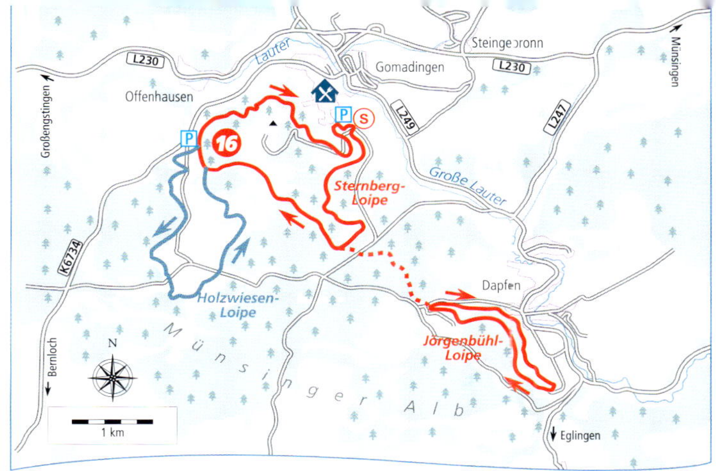

Kommt man aus dem Wald heraus, biegt die Loipe scharf nach links. Die Aufstiegsmühen werden durch eine schöne Abfahrt belohnt, auf der man es richtig laufen lassen kann.

Die Spur führt dann am Wald entlang, weiter ein kurzes Stück durch den Wald und erreicht eine kleine Lichtung, an deren Rand auf einem verwitterten Holzschild die Angabe „Offenhausen über Sternberg" zu lesen ist. Am Schild vorbei geht es rechts den Wald ein gutes Stück hoch. Plötzlich hören wir lautes Motorengeräusch. Als wir um ein Waldeck biegen, wissen wir, woher es stammt: Gerade verschwindet ein Pistenbully zwischen den Bäumen, und vor uns liegt eine ganz frisch gespurte Langlaufloipe. Wenn das kein Service ist!

Nach stetig durch den Wald ansteigendem Abschnitt und anschließender leichter Abfahrt aus dem Wald heraus und am Wald entlang sehen wir das Pistengerät linker Hand vor einer Scheune parken. Der „Bullyfahrer" schickt sich an, Feierabend zu machen. Da wollen wir uns doch noch schnell für die frisch gespurte Spur bedanken und kommen so mit Siegfried Schiller ins Gespräch. Seit Jahrzehnten ist er bei der Gemeinde Gomadingen beschäftigt. In seiner Freizeit und völlig unentgeltlich hält der gelernte Forstwirt das Gomadinger Loipennetz in Schuss. Gegenüber der „Bully-Scheune" liegt am Waldrand eine schöne Grillstelle.

Ein kleines wärmendes Winterfeuerchen war schnell entfacht, hatten wir doch in unseren Rucksäcken vorsorglich etwas Brennholz und ein paar „Spächele" zum Anzünden mitgenommen. Und natürlich auch an ein Vesper gedacht. Die Loipe wendet sich von dort nach rechts, läuft durch ein kleines Waldstück und zieht sich dann am Waldrand entlang. Allmählich geht es bergab, bis die Straße Gomadingen–Bernloch in Sicht kommt. Der dortige Parkplatz eignet sich ebenfalls, um in die Sternberg-Loipe einzusteigen. Es geht wieder etwas bergauf, bevor sich die Loipe durch den Wald ziemlich eben in Richtung Gomadingen schlängelt.

Kommt man aus dem Wald heraus, hat man einen prächtigen Weitblick über die Höhen und Kuppen der Alb. Die Schlussabfahrt liegt bald vor einem. Der Könner kann es sausen lassen, denn gegen Ende kommen ein paar weite Kehren, in denen man die Geschwindigkeit wieder herausnehmen kann. Wer's nicht so rasant mag, der nimmt die Abfahrt am besten in der Pflugtechnik in Angriff, um es vielleicht erst dann ein bisschen laufen zu lassen, wenn der Ausgangspunkt, der Parkplatz beim Sportheim, schon in Sichtweite ist.

Die Landschaft rund um den Sternberg bietet sich auch an, die Loipe einmal zu verlassen und – ausreichend Schnee vorausgesetzt – einfach mal querfeldein zu laufen. Auch im tieferen Schnee ist es möglich, mit der Langlauftechnik voranzukommen. Es ist aber auch ein wunderschönes Landschaftserlebnis, durch eine tief verschneite Winterlandschaft seine eigene Spur zu ziehen.

Tipp:

Nach dem Wintersport bietet sich zum Relaxen ein Abstecher ins nahe gelegene Sternberg-Hallenbad geradezu an. Das Bad verfügt auch über eine Sauna. Info-Telefon: 07385-526. Nach Sport und Wellness lohnt ein Abstecher in den Gasthof „Zum Lamm". Auf der Speisekarte steht zum Beispiel eine Lammroulade vom Auinger Weidelamm in Thymiansauce, buntem Gemüse und Spätzle; mit einem „Gaisburger Marsch" findet sich ein echter schwäbischer Klassiker. Auch für Vegetarier ist einiges im Angebot.

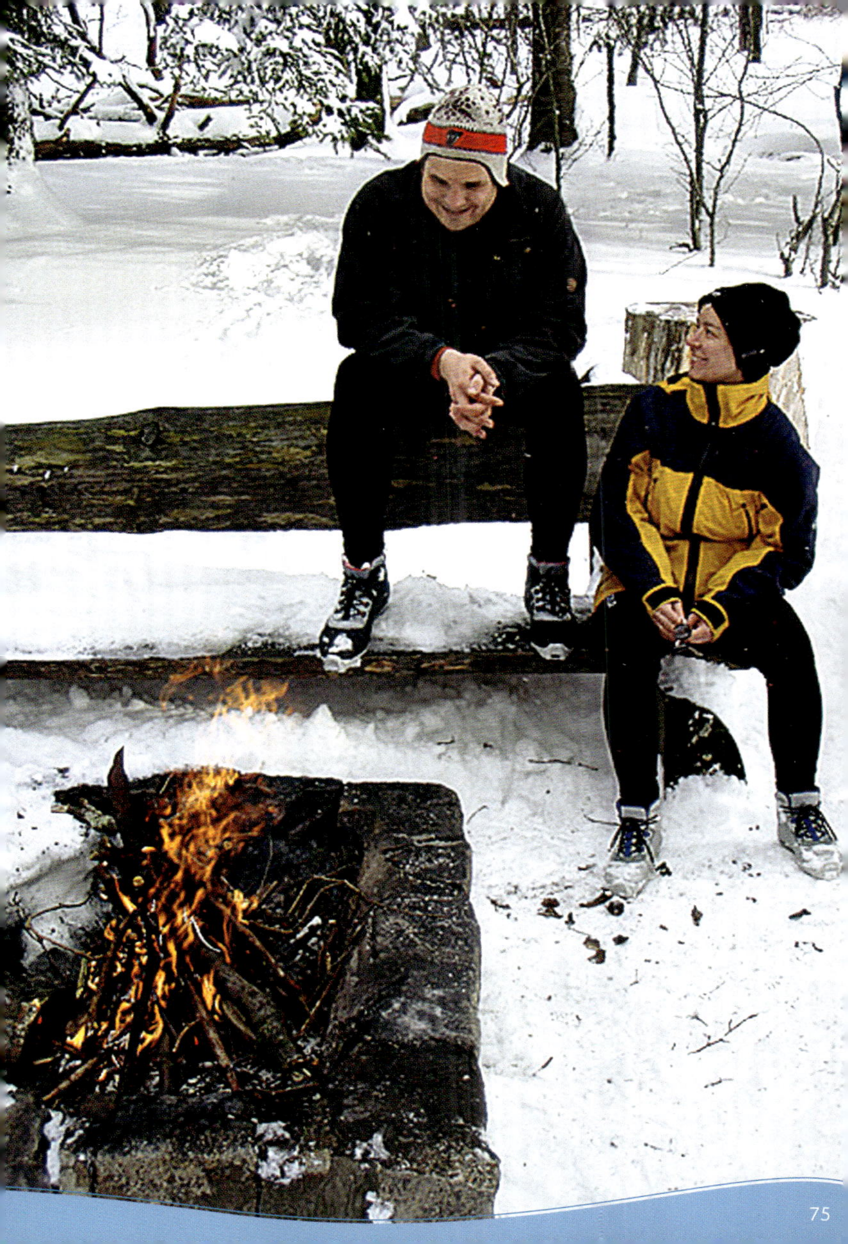

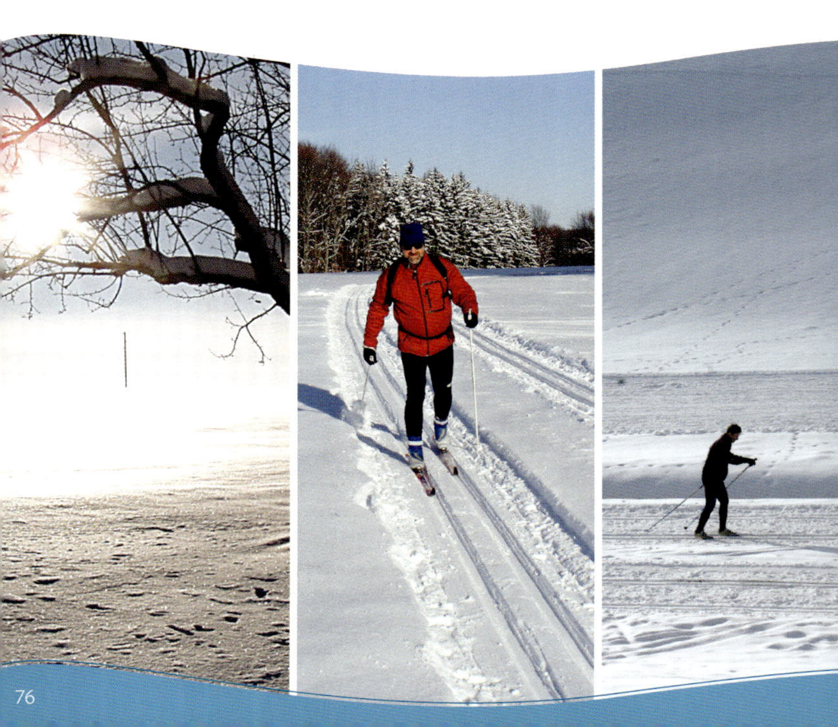

Grabenstetten

Diese Gemeinde hat eine Loipe für wahre Dauer-Läufer.

Schnee-Infos:
07382-387
www.grabenstetten.de

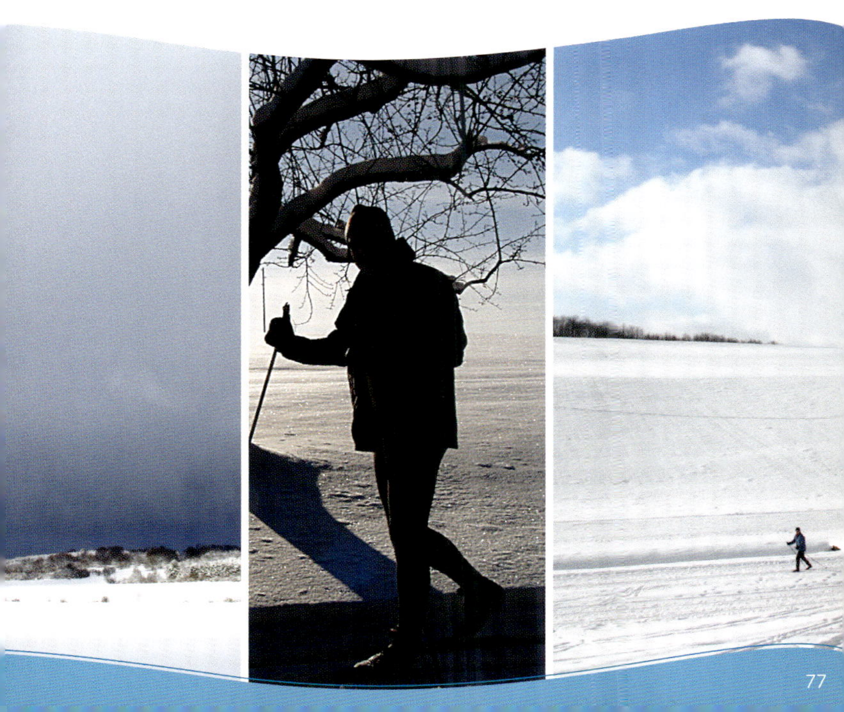

Tour 17 Grabenstetter Loipe

Eine sehr ansprechende Loipe, die auf ihren Abschnitten am Albtrauf entlang immer wieder schöne Aussichten ins „Unterland" bietet.

Streckenprofil: **22 km**
3,5 bis 4,5 Stunden
Höhenmeter: 35 m

Anfahrt:
Als Einstiegsmöglichkeit bietet sich Grabenstetten selbst an. Kommt man von Nordwesten her auf der K 6759 nach Grabenstetten hinein, so fährt man auf der Ortsdurchfahrt weiter, bis diese eine scharfe Rechtskurve macht. Dort mündet von links auch die Landstraße ein, die vom Lenninger Tal auf die Alb nach Grabenstetten führt. Man folgt der Rechtskurve und biegt kaum 100 m später nach rechts zum Rathaus und zur dahinterliegenden Falkensteinhalle ein. Dort gibt es Parkmöglichkeiten. Der Einstieg ist aber auch vom Wanderparkplatz beim Segelfluggelände Grabenstetten an der K 6759 möglich. Loslaufen kann der Skilangläufer auch vom Parkplatz, der sich südlich von Grabenstetten an der K 6758 in Richtung Römerstein unmittelbar am Heidengraben befindet.

Loipenverlauf:
Wir wählen den Einstieg beim Grabenstetter Rathaus und tragen an diesem recht kalten Wintertag „Spezial Blau" auf unsere Wachsski auf – eine Wahl, die sich nicht nur im Laufe unserer Tour als goldrichtig erweisen sollte, denn diese Wachsbeschaffenheit ist für die Loipen der Schwäbischen Alb aufgrund ihrer Lage auf Höhen zwischen 700 und 800 m und der damit verbundenen Schneetemperatur oft ideal.

Nach dem Start beim Parkplatz sind's wirklich nur wenige Meter, bis die Loipe erreicht ist, die zunächst Richtung Westen fast bis zur Albtraufkante hinführt. Dann knickt sie nach Süden ab und folgt immer den kleinen Waldbuchten, die sich zum Albtrauf hin erstrecken. Da und dort lohnt es sich, zwischen Bäumen und Sträuchern hindurchzuschauen, denn es bieten sich herrliche Aussichten aufs „Unterland".

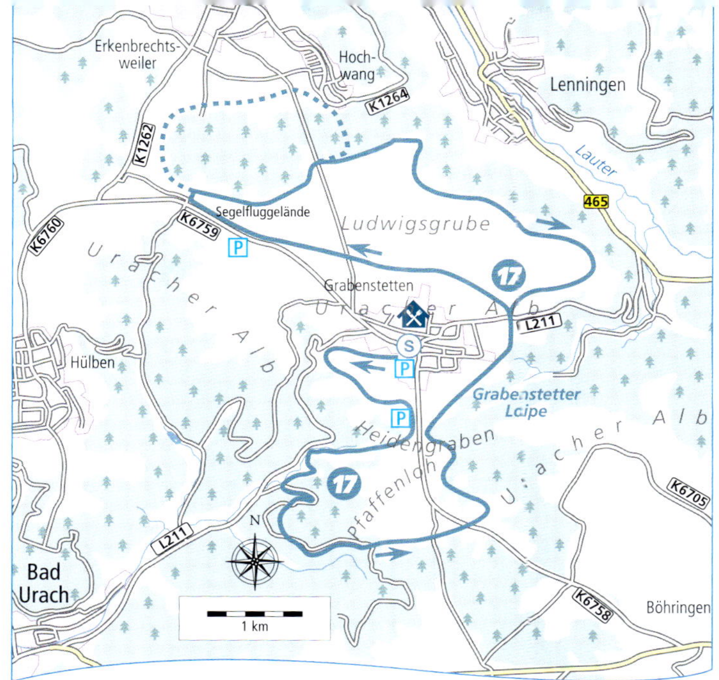

Die Loipe folgt dem Waldsaum weiter südwärts, bevor sie dann nach Osten schwenkt. Nach 1 km gilt es, die Gemeindeverbindungsstraße von Grabenstetten nach Hengen zu überqueren. Wieder folgt die Loipe dem Waldsaum. Hie und da geht es ein wenig bergan, doch wer einen gut präparierten Ski hat, der darf sich, sozusagen im Gegenzug, auf eine kleine Abfahrt freuen.

Bald endet die Loipe wieder an einer Straße. Diesmal ist es die K 6758 Grabenstetten–Römerstein. Hier sollte man die Ski unbedingt abschnallen und die Fahrbahn zügig überqueren, denn diese Kreisstraße ist zu manchen Zeiten ziemlich befahren. Die Loipe verläuft dann nach Norden und auf Grabenstetten zu.

Wer nur eine kleinere Runde drehen möchte, der orientiert sich zur Straße hin, die linker Hand verläuft, und läuft weiter in Richtung des Parkplatzes südlich des Ortes. Der Läufer ist also wieder am Auto zurück, oder er überquert die

Kreisstraße und folgt der Loipe wieder hinein in den Ort und zum Parkplatz beim Rathaus.

Wer nach der Südschleife noch nicht genug hat, der läuft in Richtung Osten weiter und lässt Grabenstetten damit halb links liegen.

Kurz nach Grabenstetten muss die Straße, die von Lenningen nach Grabenstetten heraufkommt, überquert werden. Auf der anderen Straßenseite teilt sich die Loipe nach links und rechts je zu einem Rundkurs. Wir halten uns nach links, überwinden ohne Probleme eine kleine Anhöhe am nördlichen Ortsrand von Grabenstetten. Hinter der Tennisanlage geht es weiter Richtung Westen; nach einer kleinen Abfahrt ist bald das Segelfluggelände westlich des Ortes erreicht.

Zunächst verläuft die Loipe am Segelfluggelände entlang, schwenkt dann aber nach Norden ab und führt direkt auf den Wald am Albtrauf zu. Von dort geht es Richtung Osten. Auf diesem Abschnitt ist die Grabenstetter Loipe identisch mit der Berghau-Loipe. Nach wenigen Kilometern biegt die Berghau-Loipe nach Norden in den Wald hinein ab und führt in Richtung Hochwang. Wir halten uns weiter ostwärts am Traufwald entlang. Auf diesem Teil der Grabenstetter Loipe bietet sich ein Päuschen geradezu an, liegt die Spur bei schönem Wetter doch voll in der Sonne.

Die Loipe führt weiter gen Osten und macht dann einen lang gezogenen Schwenk nach Süden in Richtung des Steinbruchs unweit der Lenninger Steige. In einem weiten Bogen geht es anschließend wieder zurück bis zum Übergang der Straße nach Lenningen und weiter bis zu unserem Ausgangspunkt am Grabenstetter Rathaus.

Wer die Grabenstetter Loipe schon ein paar Mal gelaufen ist und so das weitläufige Terrain kennengelernt hat, der sollte sich vornehmen, einmal in einer hellen Vollmond-Winternacht auf die Alb zu fahren und die Langlaufski anzuschnallen. Da die Grabenstetter Loipe weitgehend durch die offene Landschaft führt, wird der Langläufer bei seiner nächtlichen Tour vom Vollmond gut beschienen und kann sich so ohne Mühe orientieren. Vor allem aber kann er ein Naturerlebnis genießen, das ihm nicht alle Wintertage vergönnt ist: In der vollkommenen Stille der Winternacht seine Spur ziehen und – jenseits aller künstlichen Lichtverschmutzung - den Sternenhimmel über der Schwäbischen Alb genießen.

Tipp:

Nach einer Runde auf der Loipe bietet sich die Einkehr in einem der Gasthäuser in der Grabenstetter Ortsmitte an. Ob „Hirsch", „Ochsen" oder „Lamm" – in allen drei Gaststätten erwartet Sie schwäbische Hausmannskost, wie zum Beispiel Zwiebelrostbraten mit Bratkartoffeln oder Schweinebraten mit Spätzle und Kartoffelsalat.

Wer nach dem sportlichen Spaß in der Loipe eher zum Relaxen neigt, dem sei statt des sofortigen „Einkehrschwungs" eine Fahrt ins Thermalbad nach Beuren empfohlen. Die Panorama-Therme mit ihrem warmen Thermalwasser aus den Tiefen der Alb ist nach einer Langlauftour genau das Richtige, um die Muskulatur zu entspannen. Info-Telefon: 07025- 9105011.

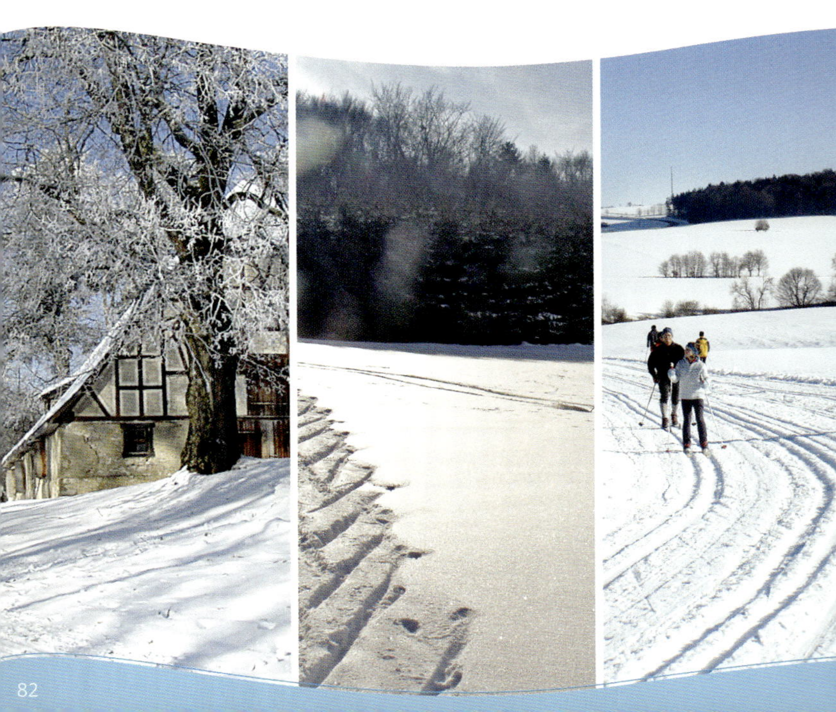

Römerstein

Über ein ausgedehntes Loipennetz verfügt die Gemeinde Römerstein, zu der die Kommunen Böhringen, Zainingen und Donnstetten gehören.

Donnstetter Loipe, Böhringer Loipe, Zaininger Loipe, Römersteiner Loipe und Aglishardter Loipe, benannt nach dem gleichnamigen kleinen Weiler hinter Böhringen, versprechen schöne Langlauftouren, die jeweils für sich stehen. Der wirklich ambitionierte Langläufer hat beim ausgedehnten Römersteiner Loipennetz aber auch die Möglichkeit, die verschiedenen Loipen zu kombinieren und sich sozusagen seinen ganz persönlichen Halbmarathon oder gar Marathon zusammenzustellen. Denn schließlich bieten die Aglishardter Loipe (7,8 km lang, ab Albstadion in Böhringen), die Böhringer Loipe (6,6 km, Einstieg am Parkplatz an der Turn- und Festhalle), die Zaininger Loipe (12 km, Start am Zaininger Ortsausgang bei der Unterführung), Salzwinkel Loipe (10 km, beginnt am Skilift Salzwinkel), Heselloipe (4,5 km, beim Skilift Hesel) sowie die Donnstetter Loipe (12 km, Start beim Skilift Donnstetten) vielfältige Kombinationsmöglichkeiten für eine ausgedehnte Langlauftour. Das gesamte Römersteiner Loipennetz umfasst immerhin mehr als 60 km.

Außerdem wartet Römerstein mit zwei Skatingloipen auf, die sich beim Skilift Hesel und beim Salzwinkel-Lift befinden. Die klassische Loipenspur beim Hesellift eignet sich im Übrigen auch prima für Anfänger, da sie in völlig ebenem Gelände verläuft.

Schnee-Infos:
07382-93980
www.roemerstein.de

Tour 18 Aglishardter Loipe

Eine leicht zu fahrende Loipe, die – welch ein Genuss – abseits aller Straßen verläuft.

Streckenprofil: **ca. 8,5 km**
1,5 bis 2 Stunden
Höhenmeter: 120 m

Anfahrt:

Idealer Einstieg in die Loipe ist beim Sportheim in Böhringen, das auch über eine Gastronomie verfügt. Dorthin gelangt man, wenn man von der B 28 herkommend in Richtung Ortsmitte Böhringen abbiegt, jedoch nicht in den Ort hineinfährt, sondern auf einer Straßenbrücke gleich wieder die B 28 überquert, geradeaus durch das sich anschließende Gewerbegebiet fährt und nach einer „Links- Rechts-Kombination" den Parkplatz unmittelbar am Sportheim erreicht. Es gibt aber auch noch ausreichend Parkmöglichkeiten unterhalb des dortigen Stadions.

Loipenverlauf:

Gleich hinter der Sportheim-Gaststätte beginnt die Loipe, die zunächst entlang einer lang gezogenen Hecke ganz leicht bergan führt. Wir setzen Diagonalschritt auf Diagonalschritt und erreichen bald ein kleines Wäldchen, wo uns ein Schild „Gutsbezirk Herzog von Tessin'sche Verwaltung" überrascht. Gegenüber steht ein markanter, hoher Baum mit allerlei Wegzeichen.

Nach den ersten, etwas ansteigenden Metern gibt's jetzt gleich eine recht sanfte Abfahrt, auf der man es laufen lassen kann, weil am gegenüberliegenden Waldsaum ein kleiner Gegenhang als natürliche Bremse dient. Dort biegt die Loipe nach links ab und folgt dem Waldrand, um nach ein paar hundert Metern in eine kleine Abfahrt mit anschließendem kurzen, kräftigen Anstieg überzugehen. Oben angekommen, geht's erst ein wenig eben weiter, bevor die Loipe immer mehr – allerdings nicht allzu steiles – Gefälle bekommt und man es bis zum kleinen Weiler Aglishardt getrost laufen lassen kann.

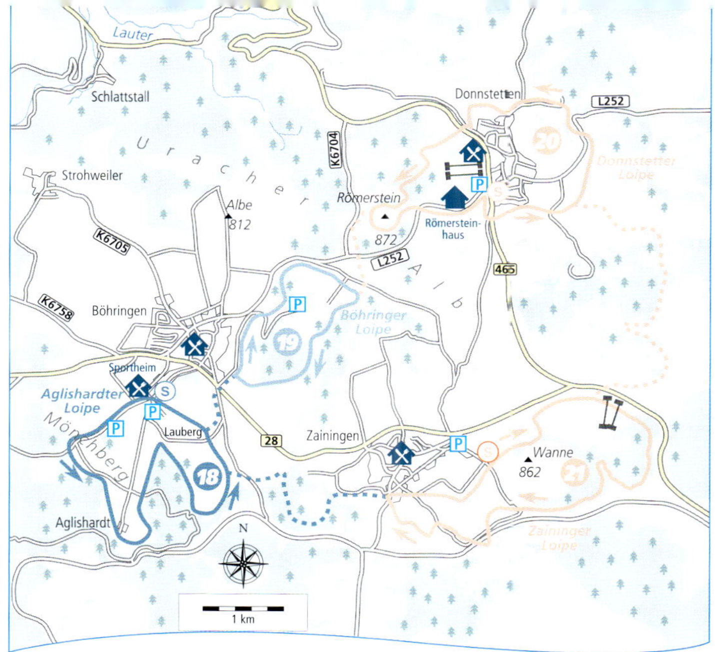

Wer auf diesem Abschnitt so richtig Fahrt aufnehmen möchte, der sollte mit kräftigen Doppelstockschüben nicht geizen. Kurz vor Aglishardt kommt man am kleinen Friedhof des Weilers vorbei, den ein markantes Kreuz ziert. Aglishardt liegt meist wie ausgestorben. Es wurde als Typus eines früheren Ritterguts ins Denkmalbuch von Baden-Württemberg aufgenommen.

Die Loipe führt an Aglishardt in einer leichten Rechtskurve vorbei und folgt dann nach links in einem weiten Bogen dem Waldsaum. Dann geht's nach Norden und in einen lang gezogenen Anstieg über, der den einen oder anderen recht steilen, aber kurzen Abschnitt hat – ideales Terrain, um den richtigen Abdruck vom Ski und den kräftigen Armeinsatz zu üben.

Oben angekommen, belohnt eine schöne Abfahrt; der Langläufer sieht am gegenüberliegenden Hang den Campingplatz „Lauberg" liegen, der auch von Wintercampern gern frequentiert wird. Die Abfahrt mündet in eine nicht allzu enge Rechtskurve, über etwas Kurventechnik sollte man hier – zumindest bei schnellerer Fahrt – allerdings schon verfügen. Entlang dem Waldrand geht's nach der Abfahrt in ruhiges Gleiten über, die Loipe steigt jetzt wieder etwas an, um nach der Durchquerung eines kleinen Waldabschnitts immer am Waldrand entlang stetig bergab zu führen. Es folgt eine kleine Senke; ein kurzer Anstieg ist danach schnell geschafft, bevor es teils am Waldsaum entlang, teils über offeneres Gelände nach Nordwesten wieder zurückgeht in Richtung Campingplatz und Böhringer Sportheim.

Wer unterwegs auf der Aglishardter Loipe eine Variante im offenen Gelände unter die Langlaufski nehmen will, der sollte nach dem kleinen Weiler Aglishardt am Waldrand hinabsteigen ins Tal – Ski abschnallen bis zum Talgrund -empfiehlt sich. Dort befindet sich der Langläufer dann am Rand des ehemaligen Truppenübungsplatzes. Wer sich jetzt nach Osten wendet, der läuft in Richtung Zainingen und trifft bald auf Wegeschilder, die ihn auf den Aussichtsturm „Hursch" hinweisen. Wer aus 42 m Höhe eine wunderbare Aussicht über die winterliche Alb genießen will, der muss allerdings zuvor bis Zainingen laufen, um dort im Gasthaus Engel (Tel. 07382-388) den Schlüssel für den Turm gegen Kaution abzuholen. Eine wirklich einmalige Wintertour.

Tipp:

Ein- und Ausstieg liegen beim Böhringer Sportheim. Da liegt es nahe, dort in der Albstadion-Gaststätte einzukehren. Ob Wildschweinbraten an Trollinger-Sauce mit Semmelknödel, Fitness-Hackbällchen im Pfännle mit Bratkartoffeln und Salat oder auch vegetarische Gerichte – der Langläufer hat die Qual der Wahl, um seine Energiebilanz wieder etwas ausgeglichener zu gestalten.

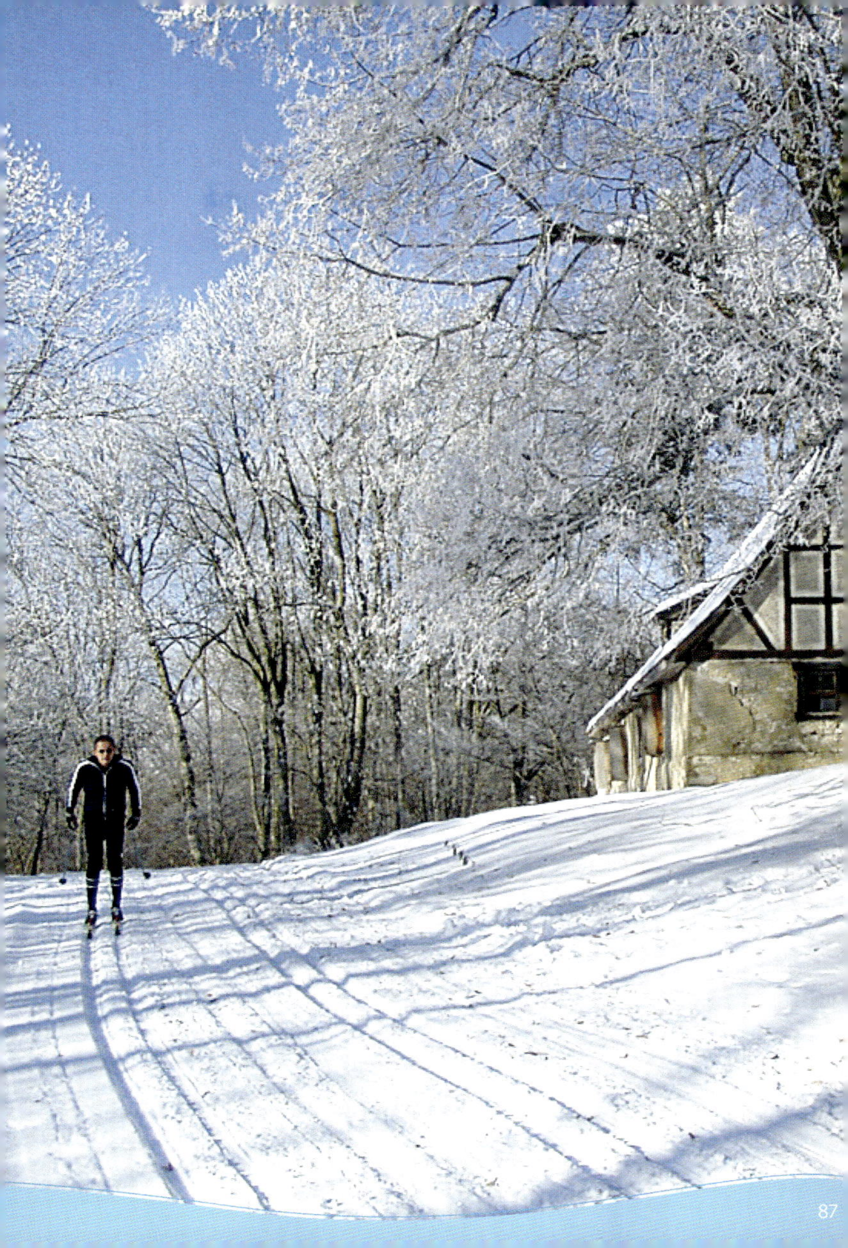

Tour 19 Böhringer Loipe

Eine schöne, fast 10 km lange Runde, die weder steile Abfahrten noch bissige Anstiege aufweist.

Streckenprofil: **ca. 9,5 km**
2,5 bis 3 Stunden
Höhenmeter: 150 m

Anfahrt:

Als Einstieg in die Loipe bietet sich der Parkplatz bei der Turn- und Festhalle in Böhringen an. Die Halle liegt fast am Ortsrand, der Weg dorthin ist gut ausgeschildert. Gut gefällt uns als Ausgangspunkt aber auch der Parkplatz beim Albstadion in Böhringen, das allerdings jenseits der B 28 liegt - schließlich lässt sich dann nach der Rückkehr zum Auto gleich ein „Einkehrschwung" in die Albstadion-Gaststätte anschließen (vgl. Aglishardter Loipe).

Loipenverlauf:

Wir starten beim Albstadion und steigen in Sichtweite des dortigen Campingplatzes „Lauberg" in die Bindung. Am Campingplatz entlang nimmt der Langläufer zunächst ein Stück auf der Aglishardter Loipe unter seine Ski. Schnell geht das Gelände in eine sanfte Abfahrt über, die in einer kleinen Senke endet. Dort trifft man auf einen Asphaltweg, der hoffentlich gut zugeschneit oder so präpariert ist, dass es ohne Kratzer im Belag darüber hinweggeht. Ansonsten gilt: Abschnallen ist allemal besser, als die Langlaufski zu ruinieren.

Die Loipe nähert sich dann allmählich der B 28; Böhringen mit seinem markanten Kirchturm kommt in Sicht. Auf einem kurzen Stück geht es fast parallel zur Bundesstraße, bevor diese überquert werden muss. Jetzt hat der Langläufer zwei Möglichkeiten: Er kann sich zum einen nach rechts wenden, noch ein Stück entlang der B 28 laufen, kurz der Loipe in eine „Links-Rechts-Kombination" folgen, um dann geradeaus einen Anstieg in Angriff zu nehmen, der oben raus immer steiler wird und ihn in einem Bogen nach links hinauf auf eine kleine Hochfläche bringt. Dort ist der Übergang in die Zaininger Loipe möglich.

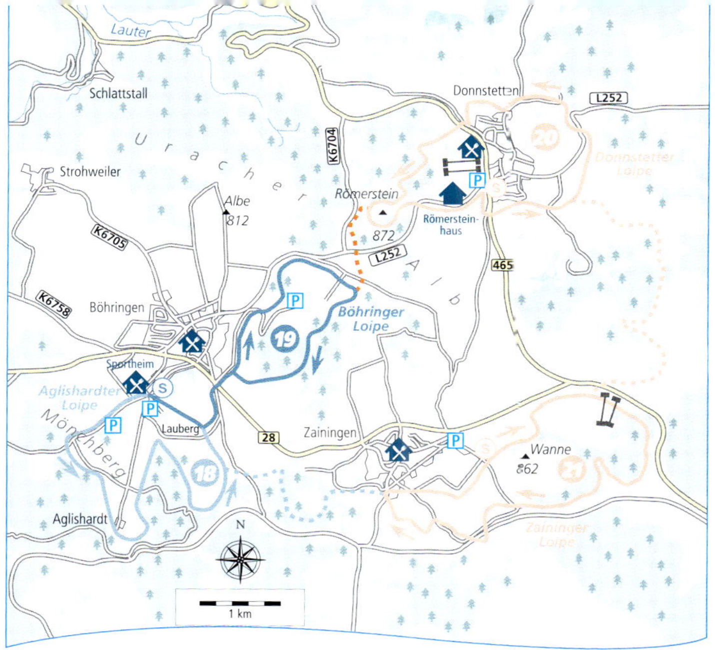

Wir nehmen dieses Mal die andere Richtung und laufen in der Loipe fast schnurgerade am Ortsrand von Böhringen entlang in nordöstliche Richtung. Bald ist der Waldrand erreicht, eine Waldpassage schließt sich an, die ein, zwei nicht ganz einfache, jedoch kurze Abfahrten aufweist. Ideales Terrain also, um mal wieder die Pflugtechnik zu üben; geübtere Läufer versichern sich, dass kein „Gegenverkehr" kommt, stellen sich in die Spur, geben den Skiern freie Fahrt und sausen mit hoffentlich guter Technik durch die Kurven.

Wenn es lichter wird, dauert es nicht lange, dann steht der Langläufer an der Straße zwischen Böhringen und Donnstetten, der L 252. Die Loipe verläuft jetzt ein kurzes Stück oberhalb der Landesstraße, geht dann mehr und mehr in eine lange Rechtsschleife über. Wieder erkennt man ein Asphaltband: Es ist ein kleines Verbindungssträßchen, das von der L 252 rechts abzweigt und direkt zum kleinen Skilift „Hesel" führt, der vom SV Hülben unterhalten wird. Bevor der Skilangläufer dort anlangt, um in der kleinen Liftkneipe eventuell eine Pause zu machen, heißt es erst noch eine lang gezogene Steigung hinter

sich zu bringen. Ist der Waldrand erreicht, geht es von dort in flotter Fahrt hinunter zum Skilift. Doch Achtung! Im Pistengebiet endet die Loipe erst einmal; der Langläufer quert das Liftterrain und tut gut daran, nach rechts zu schauen, um nicht Skiläufern oder Snowboardern in die Quere zu kommen.
Läuft man weiter, so geht es kurz nach dem Liftgelände nach rechts etwas bergan und zum Waldrand hin. Wir sind auf unseren klassischen Langlaufskiern am Waldsaum seitab des Liftgeländes angekommen, die Loipe führt leicht bergab, bevor es rechts um die Ecke in eine Steigung geht, die dem Waldrand folgt und allmählich immer steiler wird. Da heißt es, sich die Kräfte gut einzuteilen, die Schritte etwas zu verkürzen und das Gleiten bergan durch kräftige Stockschübe zu unterstützen. Immer noch leicht ansteigend, geht die Loipe durch etwas offeneres Gelände. Eine recht scharfe Rechtskurve führt dann bergab und hinein in den Wald. Die Loipe weist mehr und mehr ein ordentliches Gefälle auf, verläuft aber vorwiegend fast schnurgerade durch lichten Wald.

Wer den Loipenverlauf kennt und gut auf den Skiern steht, der kann es auf diesem Abschnitt richtig sausen lassen, gut trainierte Oberschenkel lassen den Langläufer ohne Probleme längere Zeit in der Abfahrtshocke verharren – so geht es gut und gern 1,5 km dahin. Das Gelände wird wieder flacher, ohne Armeinsatz läuft es jetzt nicht mehr. Nach etwa 250 m kommt der Langläufer aus dem Wald heraus und die Straße zwischen Böhringen und Zainingen, die B 28, kommt in Sicht. Hält man sich jetzt nach rechts, geht es über eine kleine freie Fläche bald wieder hinein in eine Abfahrt. Man lässt die Skier direkt auf Böhringen zu laufen. Bald ist wieder die Stelle erreicht, an der man die B 28 überquert, um nach wenigen hundert Metern wieder auf die Aglishardter Loipe zu treffen, die zurückführt zum Parkplatz beim Albstadion.

Tipp

Als gastronomische Alternative zur Albstadion-Sportgaststätte ist auf jeden Fall der Gasthof „Hirsch" in Böhringen zu nennen. Er liegt gegenüber dem Rathaus und bietet wohlschmeckende regionale Küche.

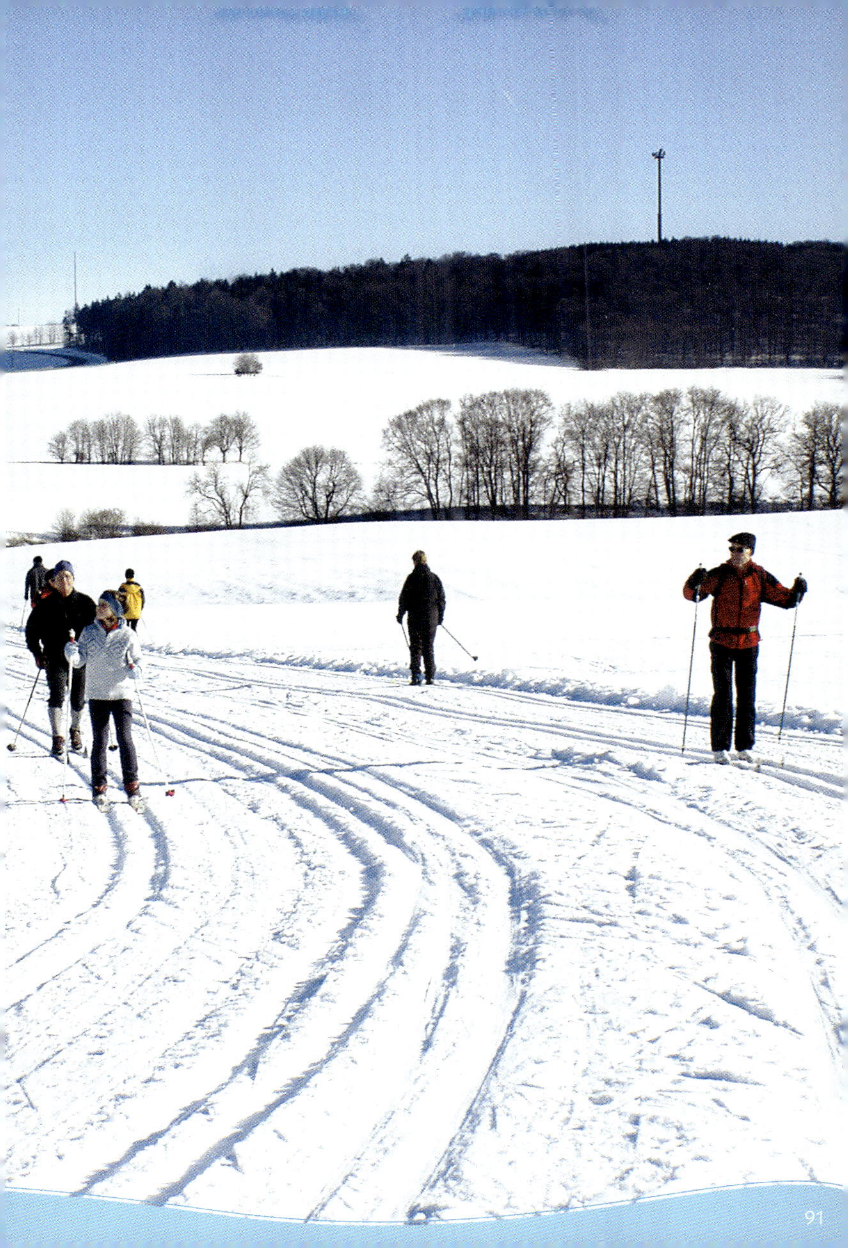

Tour 20 Donnstetter Loipe

Die Loipe führt auf langen Abschnitten durch sehr schöne offene Landschaft und bietet immer wieder beeindruckende Panorama-Ausblicke über die Alb.

Streckenprofil: **ca. 8 km**
2 bis 2,5 Stunden
Höhenmeter: 120 m

Anfahrt:

Als Ausgangspunkt bieten sich die Donnstetter Skilifte an, die direkt an der B 465 liegen. Dort sind ausreichend Parkmöglichkeiten vorhanden.
Nach Donnstetten gelangt man durchs Lenninger Tal, die Gutenberger Steige hoch und auf der Albhochfläche dann auf der B 465 bis nach Donnstetten. Wer aus Richtung Bad Urach her kommt, der fährt auf der B 28 bis Abzweigung Böhringen, fährt durch Böhringen hindurch und auf der L 252 bis nach Donnstetten. Aus dem Neuffener Tal kommend, geht's über die Neuffener Steige hinauf auf die Alb. Links ab führt die Route auf der K 6759 durch Grabenstetten hindurch bis zur Einmündung in die B 28. Links abgebogen, geht es gleich nochmals links ab und hinein nach Böhringen, von dort wie beschrieben weiter nach Donnstetten.

Loipenverlauf:

Wir parken am Donnstetter Skilift, wo es an sonnigen Wintertagen, wenn die Alb in blendendem Weiß daliegt, nur so wuselt vor Skifahrern, Snowboardern und Kindern, die auf ihren Schlitten jauchzend den Hang hinunterbrausen. Wir laufen zunächst ein paar Meter parallel zur B 465, überqueren diese kurz vor einer Stromumspannstation. Dann geht's hinein in die offene, weite Alblandschaft, die sich von Donnstetten hinüberzieht in Richtung Westerheim. Zunächst heißt's einen lang gezogenen, jedoch nicht allzu steilen Anstieg in ruhigem Diagonalschritt zu bewältigen. Doch wir halten schnell inne, denn nach rechts zum Wald hin lockt unberührter Harschschnee. Wir verlassen für eine Weile die ausgetretenen und gespurten Pfade, steigen dem Waldrand entgegen und sausen ins Tal – vergnügt wie kleine Buben.

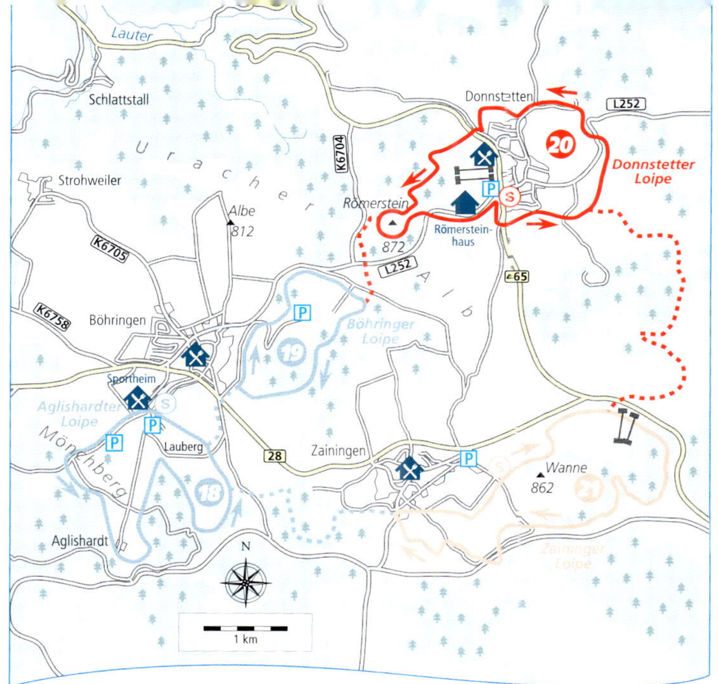

Irgendwann geht's weiter. Wir kommen in leicht abfallendes Gelände, wo die Skier fast wie von selbst durch die Loipe ziehen und ein flirrendes Geräusch hervorrufen. Bald tauchen hinterm Wald die Windräder von Westerheim auf. In einer kleinen Senke weist ein Schild „Alb-Bad-Loipe" darauf hin, dass wir hier Anschluss ans Westerheimer Loipennetz haben.

Doch wir wenden uns nach Norden, wo sanfte Anstiege nur wenig Mühe machen. Nach einer langen Schleife und kurzer Abfahrt heißt es erst einmal abschnallen, um die Straße zwischen Donnstetten und Westerheim zu überqueren.

Nach einem kleinen Abschnitt durch lichten Wald, taucht linker Hand das Vereinsheim der Sportfreunde Donnstetten auf. In zwei, drei Kehren bauen wir anschließend etliche Höhenmeter ab, bevor es in eine allmählich fallende, lange Abfahrt geht. Gerade das richtige Terrain, um in die Abfahrtshocke zu gehen, die Stöcke zwischen die Arme zu klemmen und ins Tal zu sausen.

Bevor wir an der Straße zwischen Gutenberg und Donnstetten nochmals abschnallen müssen, empfiehlt es sich in der Pflugtechnik, die Geschwindigkeit allmählich herauszunehmen.
Wem es jetzt schon reicht, der wendet sich nach links und hat parallel zur Straße nur noch wenige Meter bis zum Skilift.

Wir haben noch Kondition genug, um auf Skiern den Römerstein zu erklimmen (874 m hoch und mit Aussichtsturm versehen). Um den Römerstein herum geht's bald wieder talwärts. An der L 252 zwischen Böhringen und Donnstetten heißt es dann nochmals die Skier abschnallen, bevor bald das Römersteinhaus in Sicht kommt. Von dort sind's nur noch wenige Stockschübe bis zum Ausgangspunkt am Donnstetter Lift.

Tipp:

Wer den Parkplatz am Donnstetter Skilift als Ausgangspunkt für seine Loipentour wählt, der parkt ideal, denn als Einkehradresse empfiehlt sich die Skiliftgaststätte, wo es vom herzhaften Vesper bis hin zu Rostbraten und saftigem Steak eine Auswahl an gutbürgerlichen Gerichten gibt.

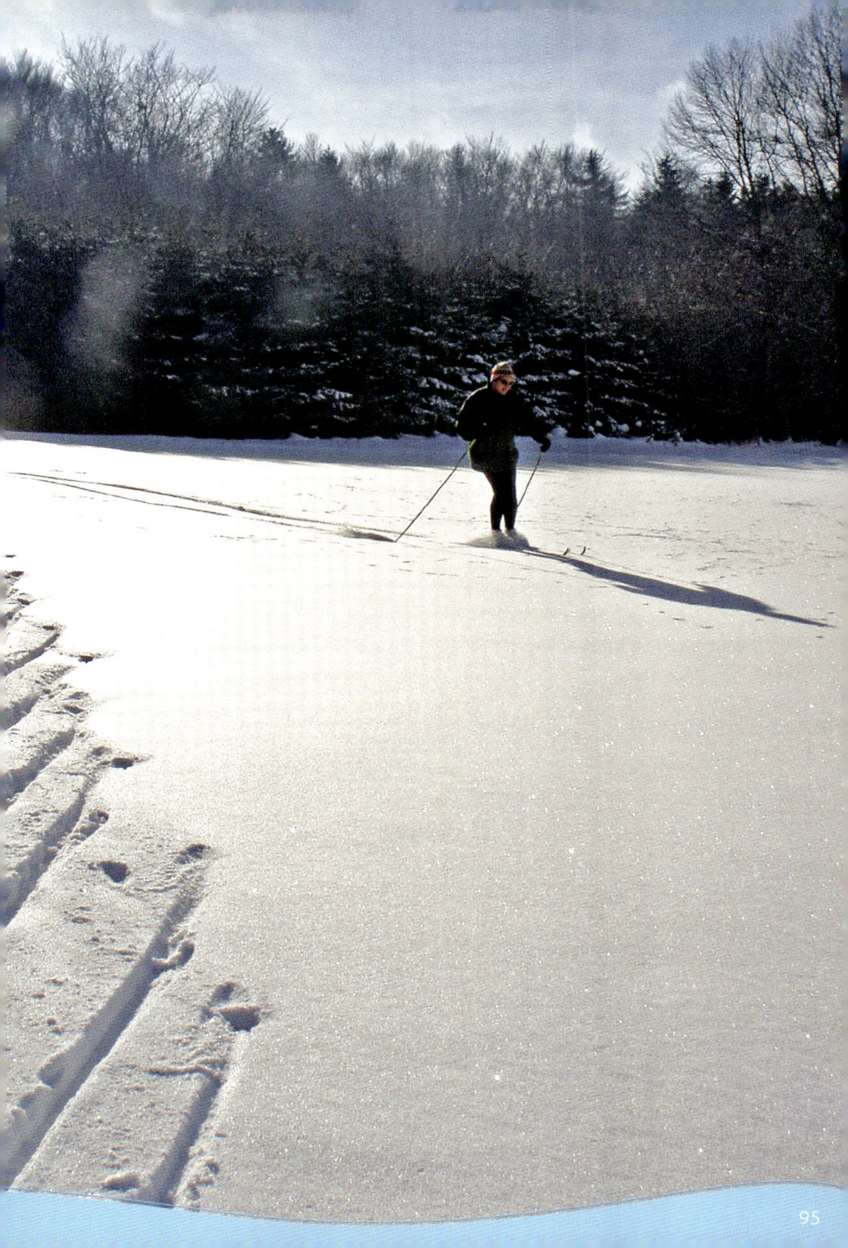

Tour 21 Zaininger Loipe

Die längste der Römersteiner Loipen kann als leicht eingestuft werden. Sie führt durch abwechslungsreiches Gelände.

Streckenprofil: **ca. 12 km**
2,5 bis 3 Stunden
Höhenmeter: 100 m

Anfahrt:

Man kommt nach Zainingen auf der B 28 von Bad Urach her. Zubringer zur B 28 führen über die Beurener Steige von Beuren oder über die Neuffener Steige von Neuffen herauf. Auf der B 28 fährt man in Richtung Blaubeuren/ Ulm, bis man direkt an Zainingen vorbeikommt und in die Ortsmitte abbiegt. Dann geht es durch den lang gestreckten Ort hindurch, bis der Ortsausgang in Richtung Ulm und ein kleineres Gewerbegebiet erreicht ist. Dort lässt man das Auto stehen. Zur Orientierung: Man befindet sich unmittelbar am Rande der B 28. Es gibt eine Unterführung, um in Richtung Donnstetten zu gelangen.

Loipenverlauf:

Am östlichen Ortsende von Zainingen läuft die Loipe zunächst auf den ersten paar hundert Metern parallel zur B 28 in Richtung Skilift „Salzwinkel" auf einen Steinbruch zu. Nach Steinbruch und Schotterwerk steigt die Loipe allmählich den Hang hinauf, weiter in Richtung Skilift. Kurz vor dem Waldrand ist bald eine kleine alte Wellblechhütte erreicht. An dieser vorbei geht es ein kurzes Stück durch den Wald. Nach ungefähr zehn Metern biegt die Loipe scharf nach rechts ab; es folgt ein gerades Stück, das leicht ansteigt. Nach wenigen Metern verlässt man den Wald und folgt dem Waldrand nach links. Nach einer Rechtskurve passiert der Langläufer einen Jägerstand. Die Loipe geht flach am Wald entlang, bestes Übungsgelände also für kräftige Doppelstockschübe.

Die Loipe läuft weiter durch flaches Gelände und geht allmählich in eine Senke hinunter, um in westlicher Richtung dann wieder auf ein Waldstück zuzulaufen. Es folgt ein kurzer, steiler Anstieg, an dem der Skilangläufer durchaus

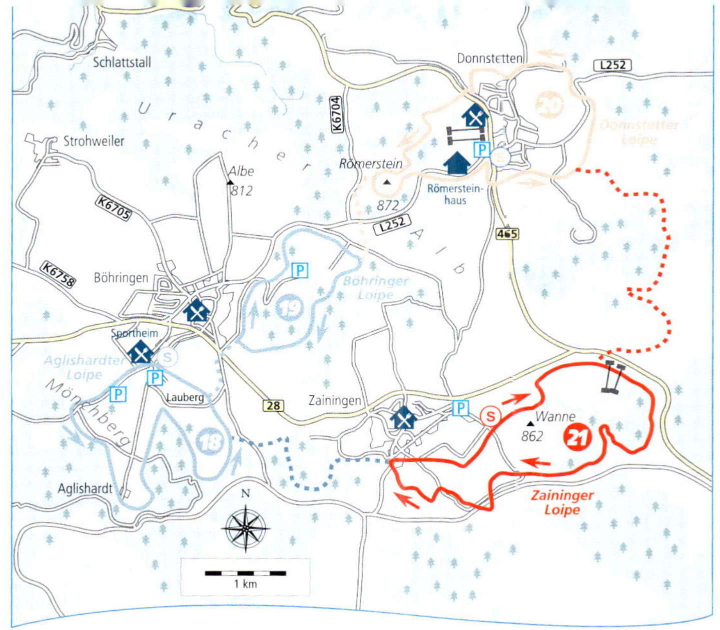

Kraft, gepaart mit Technik braucht, wenn es zügig bergar gehen soll. Die Spur wendet sich dann ziemlich direkt in nördliche Richtung, man kommt nach kleiner, schöner Abfahrt am Ortsrand von Zainingen vorbei. Bald gilt es, die B 28 zu überqueren, fast parallel zur Bundesstraße geht es bis zum östlichen Ortsausgang von Zainingen zum Ausgangspunkt zurück.

Bisweilen verläuft die Spur nach Überqueren der Bundesstraße aber auch Richtung Norden, erreicht den Wald, durchquert ein kleines Waldgebiet und macht einen großen Bogen, bis man wieder auf die B 28 trifft. Hat man die ersten Häuser Zainingens gegenüber der Bundesstraße im Blick, befindet sich unweit eine Unterführung – die Runde ist geschafft.

Tipp:

Wer nach den 12 km auf der Zaininger Loipe eine Stärkung braucht, der wendet sich einfach in Richtung Ortsmitte und sieht, kurz nachdem er an der örtlichen Hüle vorbeigekommen ist, das Gasthaus „Löwen", das mit überaus schmackhaften Gerichten aus regionaler Produktion aufwartet.

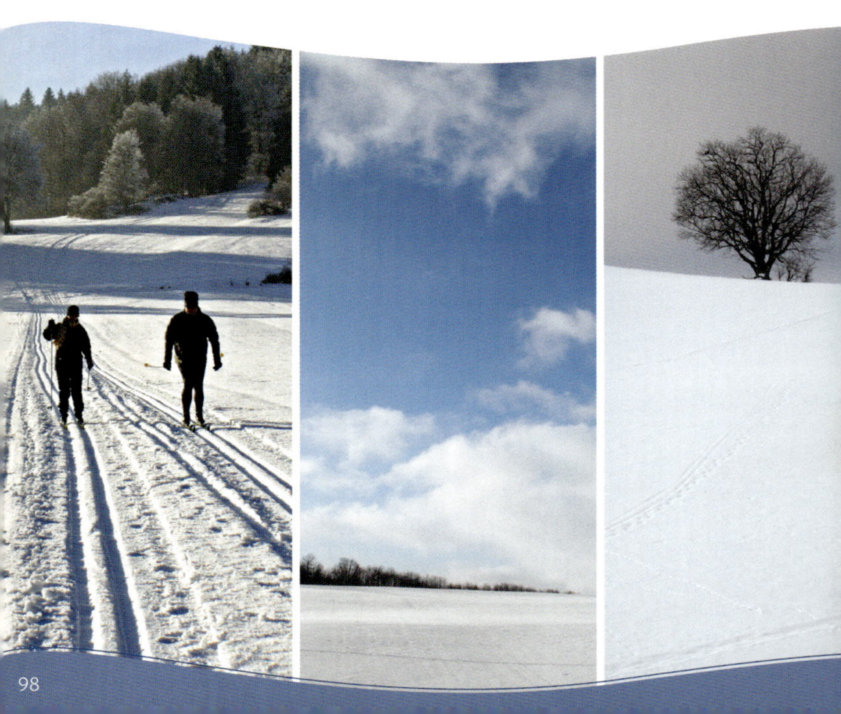

Trochtelfingen

Wer Ruhe sucht, ist hier richtig. Zwei Einzelloipen lassen sich zu einer großen Runde kombinieren.

Schnee-Infos:
07124-4821
www.trochtelfingen.de

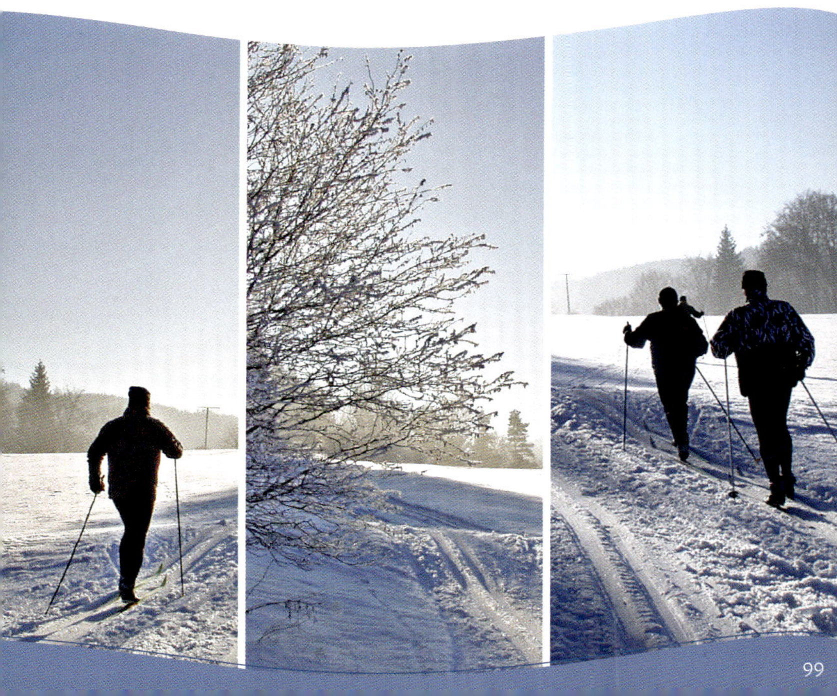

Tour 22 Grafental-Loipe

Hier lässt sich die Weite der weißen Fläche atmen und ihre sagenhafte Stille genießen. Landschaftlich reizvoll, aber einsam gelegen.

Streckenprofil: **5 bis 16 km**
1 bis 3 Stunden
Höhenmeter: 60 bis 120 m

Anfahrt:
Mit dem Auto über die B 313 nach Trochtelfingen. Einstieg beim Kundenzentrum von Alb-Gold, beim Skilift Hennenstein am Ortsrand in Richtung Mägerkingen oder direkt in Trochtelfingen oberhalb der Sportanlage.

Loipenverlauf:
Die Rundloipe mit den beiden Anschlüssen Alb-Gold und Skilift Hennenstein bietet drei abwechslungsreiche Schlaufen, die einzeln oder zusammen gelaufen werden können. Die landschaftlich reizvolle, recht einsam gelegene Grafental-Loipe verläuft zwischen Trochtelfingen im Osten, Hörschwag und Hausen im Westen sowie Mägerkingen im Süden. Sie kreuzt nur an einer Stelle beim Anschluss zu Alb-Gold eine Straße.

Beim Start bei der Seniorenresidenz oberhalb der Sportanlage geht es zunächst an einem Fahr- und Wanderweg rechts vom Waldrand hoch auf eine kuppige Ebene. Es empfiehlt sich, oben die Laufrichtung nach rechts zu wählen. Die Loipe macht nun ein paar Kurven und lebhafte Schlenker, zieht sich zwischen kleinen Waldstücken links und Feldern rechts entlang. Es folgt eine Schlaufe, bevor es bei der ersten Abfahrt hinunter in das Tal geht, das der weißen Spur ihren Namen gibt: das Grafental.

Unten teilt sich die Loipe auf. Wer vom Anschluss Alb-Gold aus kommt, trifft, wenn er die Straße überquert hat, hier auf die Hauptloipe. Mit der Schlaufe lässt sich die Strecke auf Wunsch verlängern. Diese ist landschaftlich allerdings nicht ganz so reizvoll wie der restliche Verlauf. Mit oder ohne Schlaufe wählen

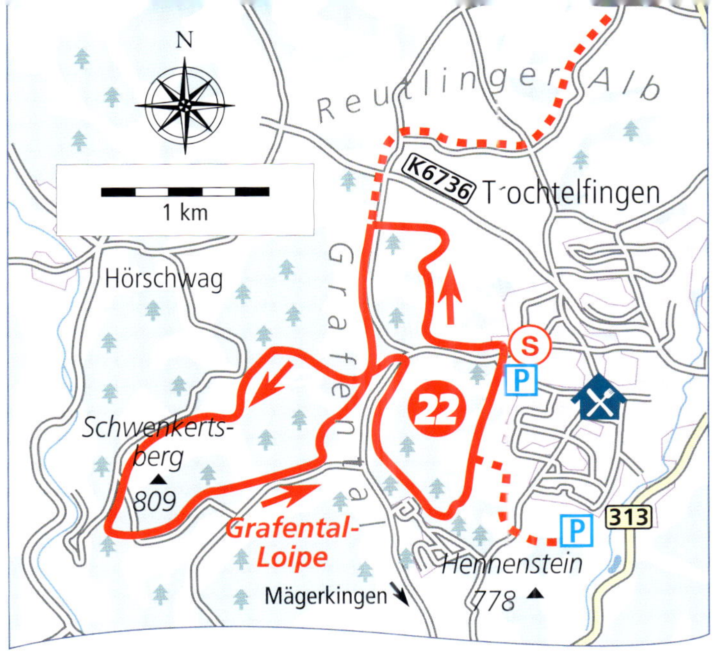

wir nun die Loipe nach links und folgen dem sonnigen Tal in südlicher Richtung. Die Loipe zieht sich am linken Hang sanft nach oben, kreuzt den Talgrund und findet rechts ihren Weg unmittelbar am Waldrand. Bald verlässt die Loipe das Grafental. Die Spur zieht nun in einer Waldschneise einen steileren Anstieg hoch.

Oben geht es nach links auf nur einer Spur in den Wald hinein, der schon bald wieder verlassen wird. Die Loipe läuft nun beschaulich auf einer Ebene stets rechts vom Waldrand dahin, steigt nochmals an, bevor es mit Blick auf den Skilift Hausen gegenüber über eine etwas heikle Schwelle wieder in den Wald hineingeht. Die Loipe folgt kurz einem Waldweg, steigt an und biegt rechts ab. Es folgen eine rasante Abfahrt und ein steiler Anstieg.

Oben angelangt, schließt sich der wohl schönste Teil der Strecke an. Hier lässt sich die Weite der weißen Fläche atmen und ihre sagenhafte Stille genießen. Über zwei größere, leicht abfallende Ebenen geht es mit zwei lang gezogenen

Abfahrten zurück ins Grafental. Diesem folgt die Spur nun recht zielstrebig nach Norden und zieht sich schließlich rechts an der Talflanke s-förmig hoch zu einem Kreuz. Dort geht es entweder gleich zum Ausgangspunkt zurück oder rechts hinein in den Wald. Die reizvolle Waldschlaufe ist nicht immer gut präpariert und benötigt etwas mehr Schnee. Nach einer Abfahrt geht es oberhalb von malerisch im Wald gelegenen Häusern einen Anstieg hoch. Die Loipe macht nun eine lange Kurve, biegt scharf links ab und verlässt nach einer Biegung 100 m später rechts den Wald.

Bald kommt der Kreuzungspunkt, an dem der Zubringer vom Skilift Hennenstein dazustößt. Um zum Parkplatz bei der Seniorenresidenz zurückzugelangen, biegen wir nun nach links ab, genießen auf der launigen Auf-und-Nieder-Fahrt am Hang den schönen Blick rechts auf Trochtelfingen und gelangen nach einer letzten Abfahrt an den Ausgangspunkt zurück.

Tipp:
Nach einer sportlichen Etappe oder gemütlichem Wandern mit den schmalen Latten ist ein Abstecher ins Albquell Bräuhaus zu empfehlen. Der dort herrlich frisch gezapfte Urtrunk verfehlt seine Wirkung als isotonischer Durstlöscher garantiert nicht. Die schwäbische Küche hält für den Ausgleich der Energiebilanz so manche deftige Spezialität bereit, etwa einen würzigen Rostbraten oder einen erfrischenden Wurstsalat. Für Kenner gibt es jeden Freitag leckere Kutteln.

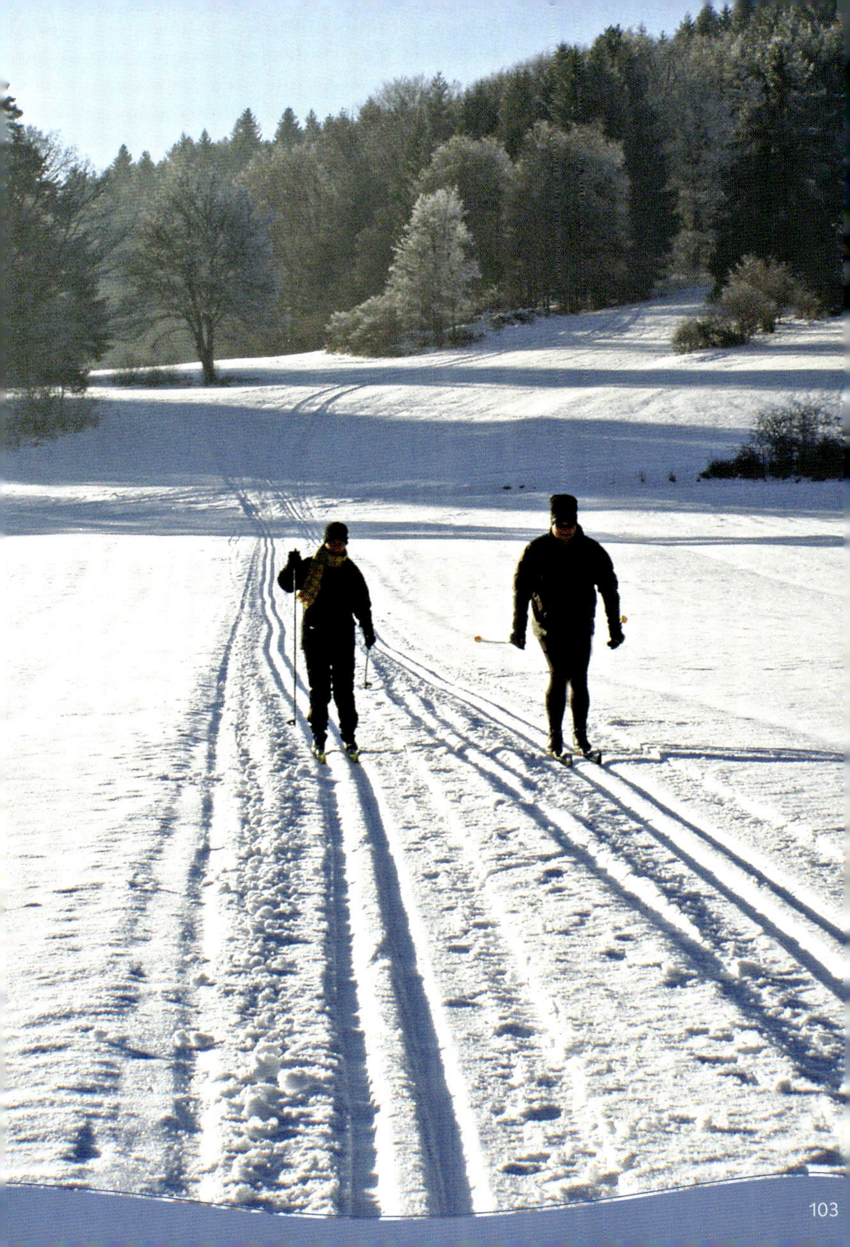

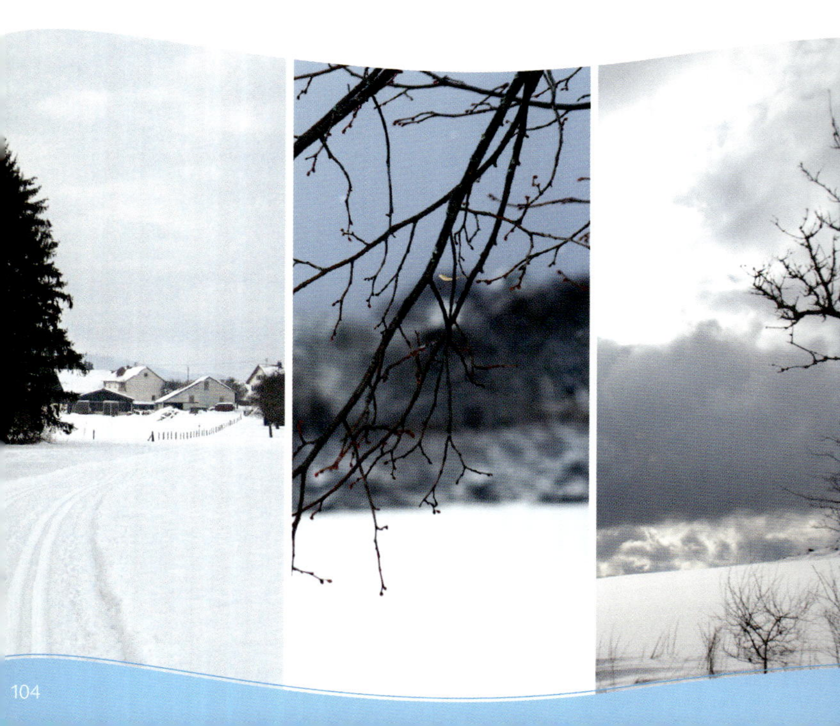

Münsingen

Ein Eldorado für Langläufer ist das Loipennetz der Stadt Münsingen. Schon allein die flächenmäßige Ausdehnung Münsingens mit seinen zwölf Teilorten bietet optimale Bedingungen für raumgreifende Sportarten. Dazu kommt die Vielfalt der Landschaft mit ihrer abwechslungsreichen Topografie. Die Stadt Münsingen selbst bietet Wintersportlern mit der Beutenlay- und der Alenbrunnen-Loipe sowie der Skating-Loipe beim Skilift Ziegelhäuser insgesamt 18,5 Loipenkilometer an. Rund um den Ortsteil Dottingen locken die Eisenrüttel- und die Panorama-Loipe sowie die Buchhalden- und die Katzenloch-Loipe für Skater mit weiteren 15,5 km, die zum Teil auch höheren Ansprüchen genügen und etwas Kondition erfordern. Magolsheim, östlich der Münsinger Alb gelegen, verfügt über eine klassische, 12 km lange Loipe. In Bremelau, südlich der Kernstadt, werden jeden Winter eine klassische Loipe mit 5 km und die Skating-Loipe am Sportplatz mit 2,5 km gespurt.

Als kleine Auswahl aus dieser Loipen-Palette werden im Folgenden die Alenbrunnen-Loipe, die auch Anfängern Erfolgserlebnisse bieten kann, sowie die Dottinger Loipen, für die schon etwas Erfahrung mitgebracht werden sollte, beschrieben.

Schnee-Infos:
07381-182145
www.muensingen.de

Tour 23 Alenbrunnen-Loipe

Sie beginnt nah an der Stadt und führt Wintersportler dennoch schnell hinaus in unberührte Landschaft. Auch Anfänger können diese Loipe und ihre Ausblicke genießen.

Streckenprofil: **ca. 7 km**
ca. 1,5 Stunden
Höhenmeter: 86 m

Anfahrt:

Einstieg ist beim Sportplatz im Wiesental. Die L 230 führt – aus Richtung Reutlingen kommend – direkt nach Münsingen hinein, man folgt der Ausschilderung Richtung Lautertal/Buttenhausen, überquert die Bahnlinie und biegt dann rechts in die Grafenecker Straße ein. Beim Sportheim der TSG Münsingen stehen etliche Parkplätze zur Verfügung, von denen aus die Loipe nach wenigen Metern erreicht wird.

Loipenverlauf:

Folgt man als Ortsunkundiger den Langlaufspuren direkt vom Parkplatz aus, dann ist die Wahrscheinlichkeit groß, dass man entgegen der empfohlenen Laufrichtung unterwegs ist, was natürlich für Wintersportler kaum von Belang ist. Um den „korrekten" Einstieg zu finden, müssen noch zwei asphaltierte Feldwege bergan in südlicher Richtung überquert werden, die auch im Winter geräumt werden. Entlang des links liegenden Weges führt die Loipe recht steil hinauf in den Wald. Für alte Langlaufhasen ist dies die erste und beinahe einzige Herausforderung der Strecke, die im geübten Schlittschuhschritt erklommen werden kann. Wer diese Technik nicht beherrscht, tut gut daran, seine Langlaufski hinaufzutragen.

Der Wald öffnet sich alsbald auf ein weites Feld, über das die Loipe in einigen großzügigen Kurven im steten, aber sanften Auf und Ab verläuft. Hier verliert man den Blickkontakt mit der Zivilisation und fühlt sich – wenn einem sonst niemand begegnet, was gerade unter der Woche leicht passieren kann – in dieser weißen Weite ganz verbunden und eins mit der Natur.

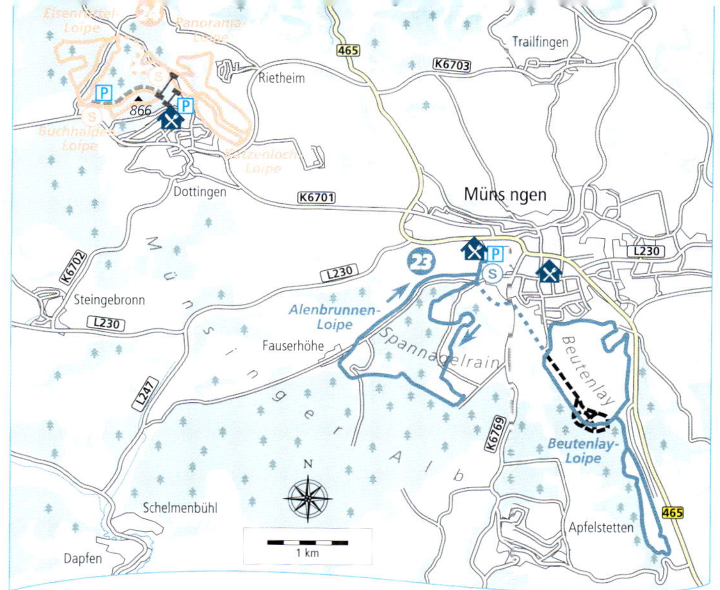

Dann geht es eine Weile recht eben zwischen Wald und Feld weiter, bis im Gewann Spannagelrain wieder etwas mehr Muskelschmalz für den moderaten Anstieg verbraucht wird. Klar, dass man sich danach bei einer kleinen Abfahrt erholen kann.

Die Loipe umrundet nun eine Koppel, von deren südöstlichstem Zipfel aus der Weg erst einmal eine ganze Weile geradeaus am Wald entlang und durch den Wald hindurch führt. Spätestens an dieser Stelle wird man erneut von dem ganz besonderen Zauber dieser wildromantischen Landschaft gefangen genommen. Die Loipe geht weiter über verträumte Lichtungen immer am Waldrand entlang. Dann macht sie einen sanften Knick Richtung Norden und führt übers freie Feld wieder bergan bis zum Weiler Fauserhöhe, der wie ein Überbleibsel aus einer vergangenen Zeit aus der Schneelandschaft erwächst.

Der kleine Ort bleibt allerdings links liegen, da die Loipe nach rechts abbiegt und von dort aus in direktem Weg etwa 2 km lang am Waldrand entlang wieder auf Münsingen zuführt. Jetzt geht es nur noch bergab, eine Tour zum Genießen.

Nach etwa zwei Drittel der Strecke quert die Loipe einen asphaltierten Weg, der von der Landesstraße her kommt. Hier müssen die Skier noch einmal abgeschnallt werden. Danach saust man dann allerdings wieder dem Ausgangspunkt der Tour beim Münsinger Sportplatz entgegen.

Wer jetzt noch nicht genug hat, kann über eine ca. 2 km lange Verbindungsspur, die etwa in Höhe der Weggabelung kurz nach dem Loipeneinstieg nach links abzweigt, die Beutenlay-Loipe erreichen. Die 4,6 km lange Rundtour um den knapp 800 m hohen Münsinger Hausberg verläuft beschaulich und mit wenig Auf und Ab durch die Alblandschaft. Wer im Uhrzeigersinn läuft, kommt nach kurzer Zeit am Campingplatz Hofgut Hopfenburg vorbei und kann einen Blick auf die Schäferwagen werfen, die dort als Unterkünfte dienen. Richtung Norden reicht die Sicht weit bis zum ehemaligen Truppenübungsplatz. Im Süden lassen sich mit viel Glück manchmal sogar die Schneeberge der Alpen blicken.

Tipp:

Loipenein- und -ausstieg sind direkt beim Sportheim der TSG Münsingen. Das Restaurant „Della Rocca" im Sportheim bietet gute Pizza. Empfehlenswert für alle, die heimische Genüsse bevorzugen, ist der Gasthof Herrmann, mitten in Münsingen am Marktplatz gelegen. Chefkoch Jürgen Autenrieth serviert dort klassisch Schwäbisches, aber auch wechselnde saisonale Gerichte mit Zutaten aus der Region.

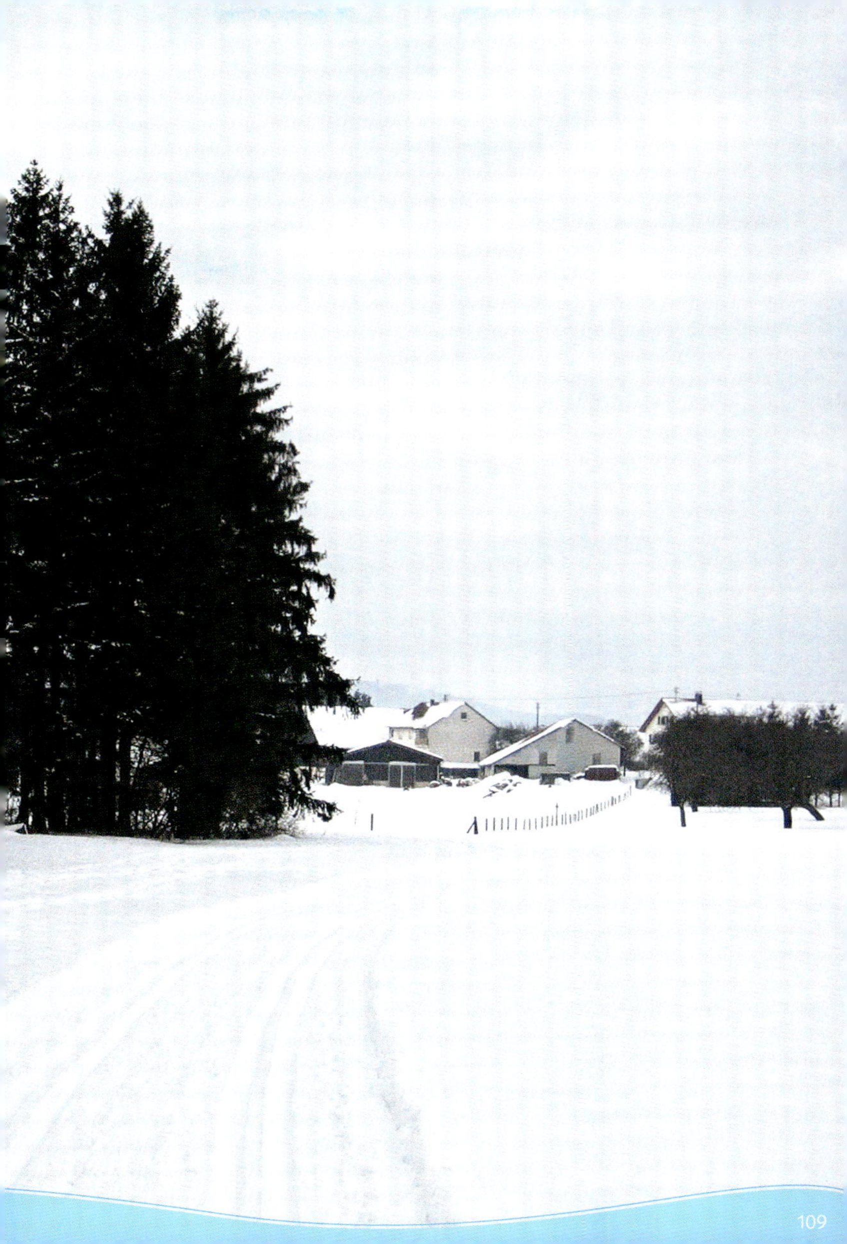

Tour 24 Dottinger Loipen

Auch Skatingfreunde kommen hier auf ihre Kosten. Die Loipen sind kurz und knackig, teilweise pfeift der Wind gewaltig übers freie Feld.

Streckenprofil: **15,5 km**
ca. 2 bis 3 Stunden
Höhenmeter: 122 m

Anfahrt:
Bester Einstieg für die Eisenrüttel- und die Buchhalden-Loipen ist der Waldparkplatz beim Sportheim Dottingen. Es liegt linker Hand an der K 6701, die von Gächingen nach Dottingen führt, etwa 0,5 km hinter dem Scheitelpunkt der Straße, von dem aus es bergab nach Dottingen geht. Die Sportanlagen sind nicht zu übersehen. Die Panorama- und die Katzenloch-Loipe sind vom Dottinger Skilift aus zugänglich. Von Gächingen kommend, fährt man bergab nach Dottingen hinein und biegt schließlich in der Ortsmitte nach links in die Fölterstraße ein. Sie geht über etwa 1 km direkt bis zum Parkplatz am Skilift. Da es hier streng aufwärts geht, diese Straße aber nicht permanent geräumt wird, sind Winterreifen dringend zu empfehlen.

Loipenverlauf:
Relativ kurz, aber knackig sind die Dottinger Loipen. Sie lassen sich bestens miteinander kombinieren und bieten als Gesamtpaket auch für Anspruchsvolle ein sportliches Programm, denn die Topografie ist hier sehr abwechslungsreich. Insbesondere die Eisenrüttel-Loipen (3 und 3,5 km lang) verlangen Wintersportlern einiges ab. Die Panorama-Loipe (3,5 km) belohnt die Mühen des Anstiegs mit einem fantastischen Ausblick ins Ermstal und über das Münsinger Hardt. Auch Skating-Freunde kommen in Dottingen auf ihre Kosten, denn gleich zwei Runden werden für sie gespurt: die 3,5 km lange Katzenloch-Loipe, die vom Parkplatz am Dottinger Skilift zu erreichen ist, und die Buchhalden-Loipe, die am Parkplatz beim Sportheim Dottingen startet und auf ihren 2 km hinauf bis zum alten Skilift auch für eingefleischte Skater eine Herausforderung ist.

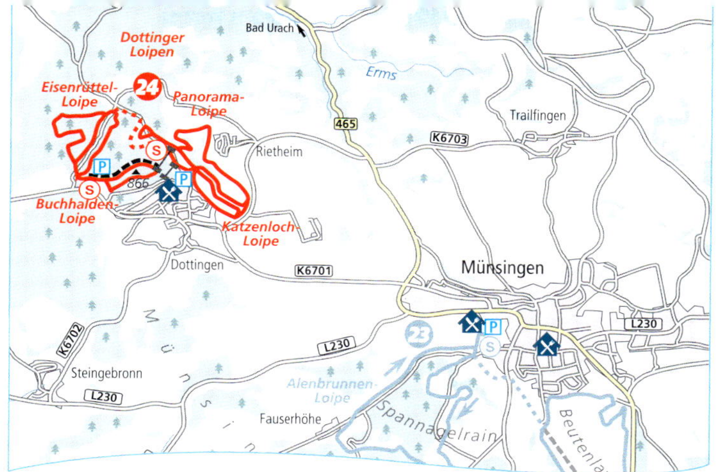

Alle Loipen sind mit kleinen, nummerierten Hinweistafeln gut ausgeschildert. Panorama- und Katzenloch-Loipe beginnen im Tal unterhalb des Skilifts. Rechter Hand, am Waldrand, gibt ein kleines blaues Schild die Richtung an. Zunächst geht es sanft bergan, am Waldrand entlang und über Wiesen. Die schmalen Ski gleiten leicht über den Schnee, zügig werden der östliche Zipfel Dottingens und die Straße nach Rietheim erreicht. Weiter geht es nach links über einen kleinen steilen Anstieg, der nur im Schlittschuh-Schritt oder mit geschulterten Skiern zu erklimmen ist.

Die Panorama-Loipe verspricht in ihrem Namen einen Ausblick in die Weite. Wer den allerdings genießen will, der muss noch weiter hinauf. Stetig schraubt sich die Loipe bergan, führt bis an den Ortsrand von Rietheim heran. Nach vielen Kurven und noch mehr Verschnaufpausen, ist schließlich der „Gipfel" erreicht. Der Blick schweift über das Ermstal und den ehemaligen Truppenübungsplatz bis Trailfingen und Auingen. Ein spektakuläres Panorama, das die Mühe des Anstiegs vergessen lässt.

Auf dieser Höhe braust der Wind ungehindert über das offene Feld. Statt allzu lang zu verweilen, ist deshalb der schnelle Weg ins Tal vorzuziehen. Schwungvoll geht es hinab, die Loipe führt fast wieder bis zum Fuß des Skihangs, der linker Hand sichtbar wird. Wer jetzt, nach den ersten 3,5 km, genug hat, hat es zum Parkplatz nicht mehr weit.

Nach rechts biegt in den Wald eine Verbindungsspur ab, die zum Eisenrüttel, einem Überrest des schwäbischen Vulkans, führt. Dort beginnen an der Kreuzung mehrerer Wege zwei weitere Loipen, die einen reizvollen Kontrast zur Panorama-Loipe darstellen. Von nun an geht es ausschließlich ganz windgeschützt durch den Wald, allerdings hat es die Strecke in sich.

Tatsächlich ist die Eisenrüttel-Loipe 2 die einzige Münsinger Loipe, die in die Kategorie „mittel/schwierig" eingestuft ist. Auf und ab, Hinaufkraxeln und Hinuntersausen, wechseln stetig miteinander ab. Die ebenen Strecken sind kurz. Umso länger ist mancher Anstieg. Ein wenig Kondition und Ehrgeiz braucht's, um die Steigen ohne Gesichtsverlust zu bewältigen. So abwechslungsreich wie der Loipenverlauf präsentiert sich auch der Wald. Mal führt die Spur durch lichte Jungbuchenbestände, mal ist der Weg gesäumt von dicken, hohen Fichten. Dann wieder gibt sich der Forst wildromantisch mit Baumskeletten und wildem Gestrüpp.

Wer stetig der Spur folgt, sieht unvermittelt das Dottinger Sportheim vor sich. Dort ist der zweite Einstieg ins Loipennetz, dort beginnt auch die 2 km lange Skating-Strecke auf die Buchhalde, die etwas für sportlich ambitionierte Läufer ist. Sie führt hinauf bis zur Bergstation des alten Skilifts, gleichzeitig der höchste Punkt im Dottinger Loipensystem. Der Weg vom Sportheim zurück zum Skihang ist moderat und kann flott gemeistert werden. Allerdings droht allen, die ihr Auto beim Skilift abgestellt haben, nun noch der Anstieg bis zum Parkplatz.

Tipp:
Nach der Tour kann man sich in der Skihütte beim Dottinger Skilift, die vom Albverein betrieben wird, verpflegen. Sie ist im Winter, wenn ausreichend Schnee vorhanden ist und der Lift läuft, von 11.30 Uhr bis zum Einbruch der Dunkelheit geöffnet. Bei Flutlichtbetrieb am Lift kann man dort bis 21.30 Uhr einkehren. Das Dottinger Sportheim wird vom SV Dottingen ehrenamtlich betrieben; verlässlich ist es nur samstags und sonntags (Frühschoppen) geöffnet. Es werden ausschließlich Getränke angeboten.

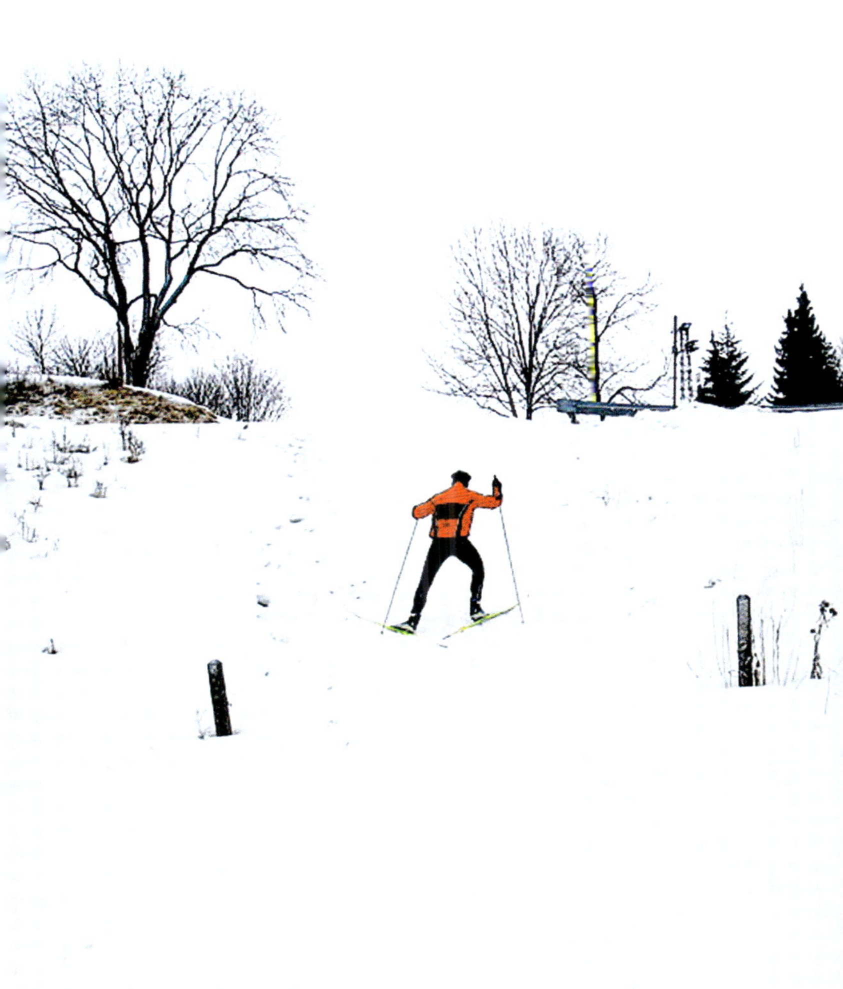

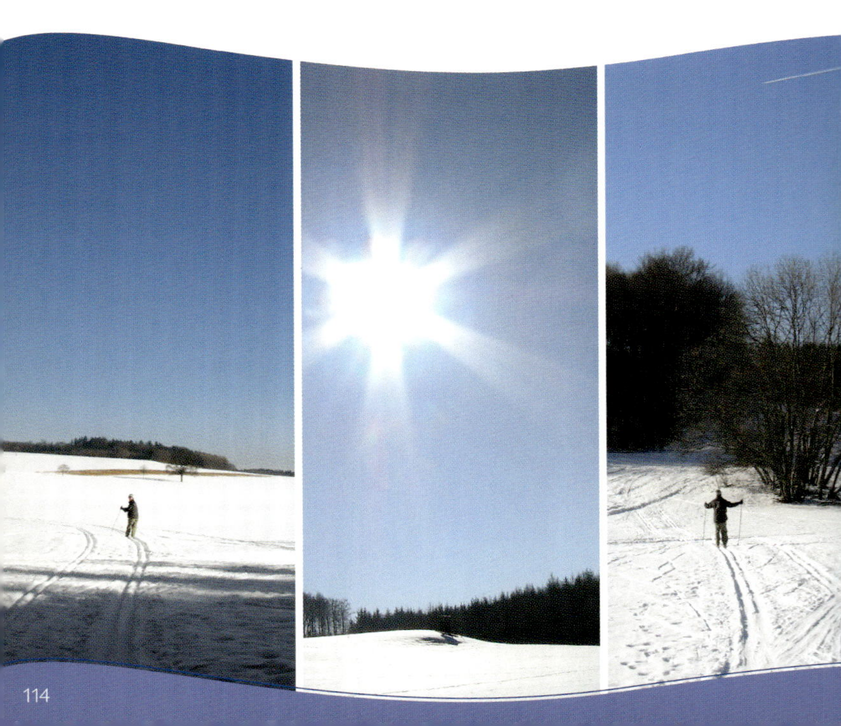

St. Johann

St. Johann mit den Ortschaften Würtingen, Lonsingen, Upfingen und Bleichstetten bietet drei Loipen, die zwischen 3 und 6 km lang sind und sich damit eher für eine schnelle Runde, als für ein Wochenendprogramm eignen. Da aber bei guter Schneelage Skiwanderwege gespurt sind, die die Loipen miteinander verbinden, hat dieser Teil der Uracher Alb mit einer Gesamtstreckenlänge von rund 30 leicht zu bewältigenden Kilometern durchaus etwas zu bieten – vor allem für die Freunde unberührter Landschaft und weiter Flächen.

Loipen-Info:
www.st-johann.de

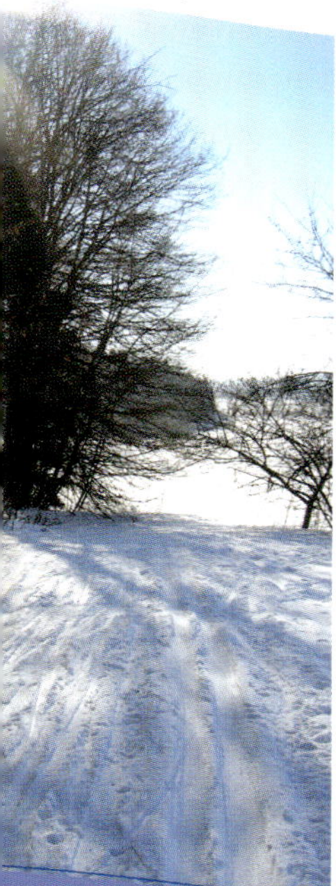

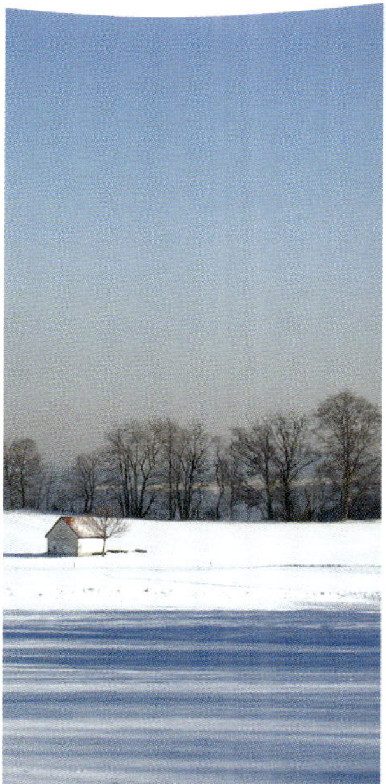

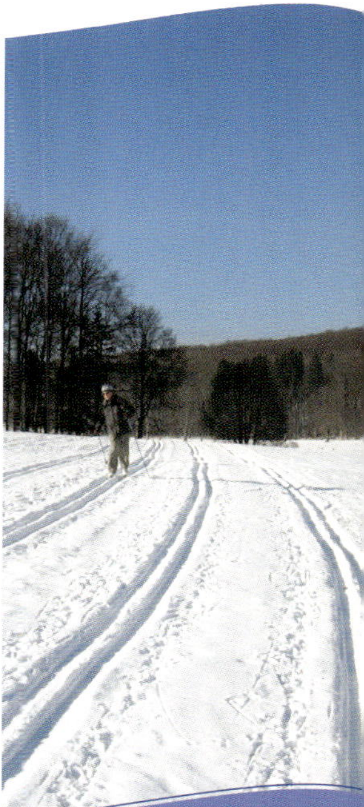

Tour 25 Hesselbuch-Loipe

Eine ruhige Tour ohne technische Herausforderungen in abwechslungsreicher Landschaft. Waldparteien geben Schutz vor Wind und Wetter.

Streckenprofil: **ca. 6 km**
1,5 Stunden
Höhenmeter: 30 m

Anfahrt:

Aus Richtung Reutlingen–Tübingen über Eningen und die Eninger Steige bis zum Gestütshof St. Johann, dann auf der L 380 entweder den Parkplatz Ochsenbühl oder den nächsten in Richtung Würtingen auf der rechten Straßenseite ansteuern. Der Einstieg in die Loipe befindet sich auf der anderen Straßenseite. Aber auch der Parkplatz hinter dem Ortsausgang von Bleichstetten an der K 6708 eignet sich.

Loipenverlauf:

Als Einstieg in das St. Johanner Loipennetz ist die Hesselbuch-Loipe wie geschaffen. Man kann dort eine Runde drehen oder über Bleichstetten beispielsweise die Täles-Loipe anhängen. Die Loipen sind bei guten Schneeverhältnissen als Doppelloipe gespurt, bei weniger als 30 cm Schnee werden sie mit Rücksicht auf Wiesen und Äcker einspurig angelegt. Gespurt wird vor allem am Wochenende und in Ferienzeiten.

Gemütlich durch die Landschaft gleiten, Blicke schweifen lassen – aber bitte keine Adrenalinschübe. Wer beim Langlaufen den Genuss über die sportlichen Herausforderungen stellt, ist in St. Johann richtig. An einem klaren Wintertag zeigt sich die raue Alb hier von ihrer schönsten Seite. Der Blick schwebt über Schneefelder und wird in der Ferne von kleinen Siedlungen angezogen. Überraschend wechseln einsame Waldstrecken mit Lichtungen, die wirken, als habe sie lange kein Mensch mehr betreten. Die Hesselbuch-Loipe führt – wie der Name vermuten lässt – einmal rund um den 791 m hohen Hesselbuch und eröffnet sowohl weite Blicke über die Alblandschaft als auch Waldpassagen,

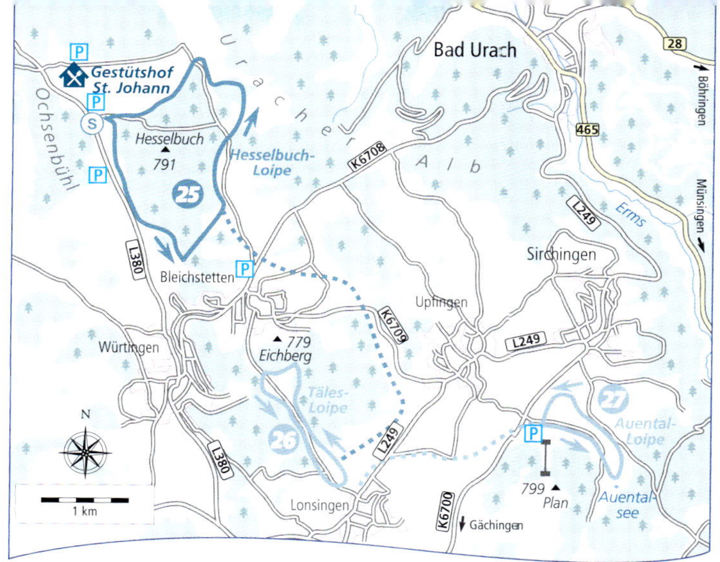

in denen man Schutz findet, wenn mal wieder der Wind pfeift. Die Loipe ist weitgehend eben, allenfalls sorgen kleine Hügel, die aber keine größeren Anforderungen an das fahrerische Können stellen, für Unterhaltung. Am besten fährt es sich der Beschilderung nach gegen den Uhrzeigersinn. Vom Parkplatz Ochsenbühl aus führt die Loipe dann erst von der Straße an den Waldrand. Nach ungefähr 1 km mündet dort auch die Zubringerspur vom Parkplatz Birkhau ein. Dann geht es über kleine Hügel rund 1 km in Richtung Süden, bis die Loipe in den Wald abzweigt.

Nach einigen hundert Metern liegt rechts das Schützerhaus. Die dort von rechts einmündende Loipe führt zum Parkplatz am Ortsausgang Bleichstetten, ist aber gleichzeitig auch der Beginn des rund 5 km langen Verbindungswegs zur Täles-Loipe. Von nun an zieht sich der Weg über längere Zeit leicht bergan, rechts ist über Felder freie Sicht in Richtung Bleichstetten, im Osten ist im Hintergrund der Einschnitt des Ermstals zu ahnen, im Hintergrund erheben sich die Hügel der Uracher Alb.

Kurz bevor die Loipe nach links abbiegt, erreichen wir die Rohrauer Hütte – das Naturfreundehaus ist am Wochenende sogar bewirtschaftet.

Bei der kleinen Linkskurve nähert sich die Loipe dem Rutschenfelsen und damit dem Albtrauf. Doch keine Sorge, die Spur führt nicht in den Abgrund, sondern nach links, und nach einer kleinen Abfahrt liegt der Fohlenhof jenseits der Felder.

Die Loipe verläuft nun weiter linker Hand, in der Ferne ist bereits der Gestütshof St. Johann zu erkennen. Nach einem kleinen Anstieg folgt die Loipe wieder dem Waldrand, was auf dieser Seite Schutz vor dem kalten Ostwind bietet. Zubringerloipen führen zu den Parkplätzen.

Tipp:

Große Schnitzel, Rehbraten, Maultaschen in der Brühe oder Ochsenmaulsalat - ein Ausflug durch die kalte Alb-Luft macht hungrig und durstig, weshalb manch ein Langläufer sein Auto gleich beim Gestütshof St. Johann abstellt und querfeldein bis zum Einstieg in die Hesselbuch-Loipe läuft. Im Gestütsgasthof gibt es deftig Schwäbisches aber auch Kaffee und Kuchen sowie eine kleine Auswahl für Vegetarier. Der urige Gasthof ist an der L 380 zwischen Eningen und Würtingen ausgeschildert.

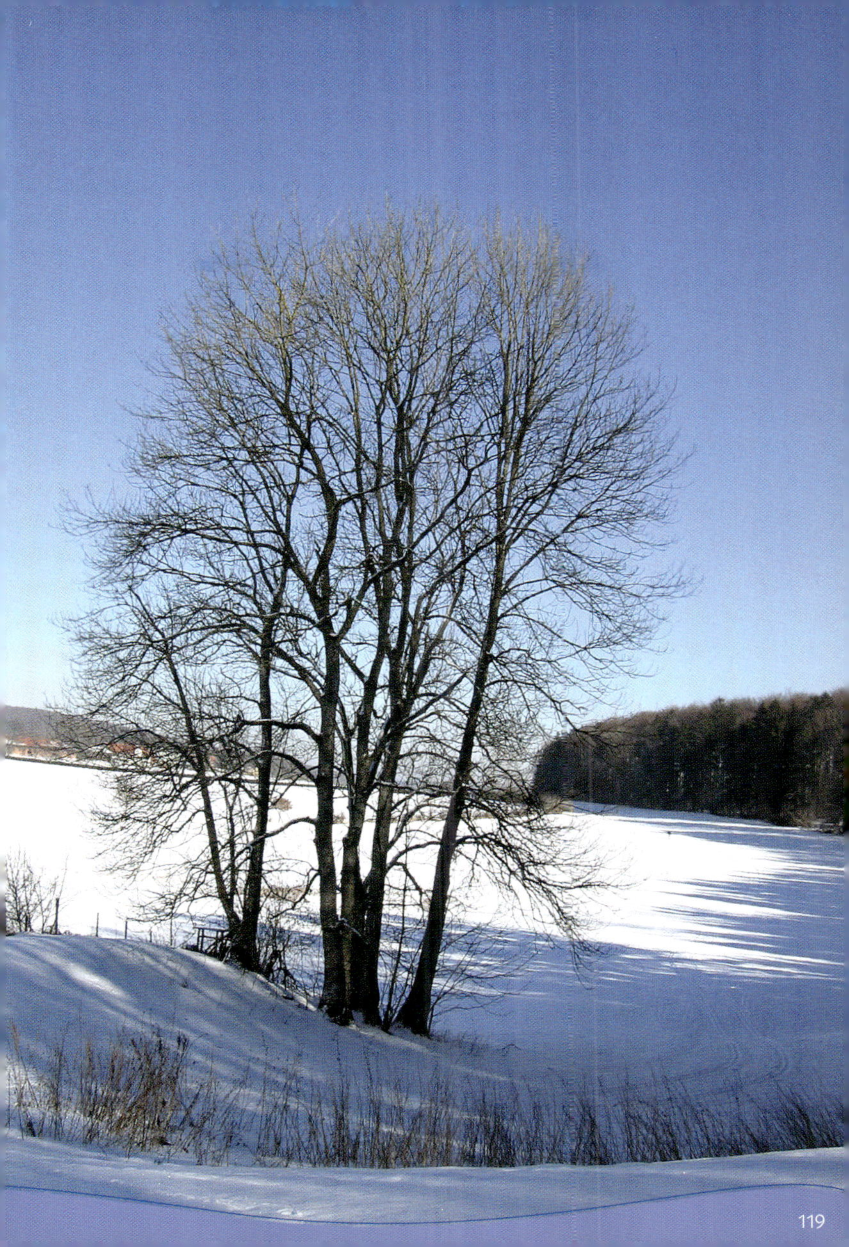

Tour 26 Loipe „Im Täle"

Sie eignet sich als Übungsloipe für die ersten Gehversuche auf den schmalen Brettern.

Streckenprofil: **3,5 km**
1 Stunde
Höhenmeter: 30 m

Loipenverlauf:
Die 3 km lange Täles-Loipe wird wohl kaum jemand gezielt für einen Langlaufausflug ansteuern. Sie ist eher Teil des Skiwanderwegs, der die Hesselbuch- und Auental-Loipe miteinander verbindet. Da sie aber topfeben eine Runde entlang der Verbindungsstraße zwischen Bleichstetten und Lonsingen dreht und relativ windgeschützt ist, eignet sie sich als Übungsloipe für die ersten Gehversuche auf den schmalen Brettern.

Wer auf dem Skiwanderweg aus Richtung Bleichstetten kommt und den Loipeneinstieg ansteuert: Beim Sportheim Bleichstetten geht es ins „Täle" – also rund 150 m ordentlich bergab! Wer nun die Runde über die Täles-Loipe gedreht hat, den erwartet am Ende, schon in Sichtweite von Lonsingen, der Verbindungsweg zur Auental-Loipe. Er führt zunächst entlang der Verbindungs-straße zwischen Lonsingen und Upfingen, quert zunächst diese und wenig später auch die K 6700 zwischen Gächingen und Sirchingen und führt in der Ebene zum Skilift Beiwald, dem Ausgangspunkt der Auental-Loipe.

Für alle Loipen der Alb gilt: Nicht immer reichen die Schneeverhältnisse aus, um perfekte Loipen anzulegen – oder der scharfe Wind, der gelegentlich über die Albhöhen pfeift, hat sie schon wieder verweht. Echte Naturfreunde orientieren sich dann an den existierenden Spuren, vor allem, wenn sie sichtbar auf Wegen angelegt sind. Dies schützt die empfindliche Vegetation der Wiesen und Äcker. Wer gern querfeldein unterwegs ist, muss wissen, dass er zahlreiche Tiere in unnötigen Stress versetzt.

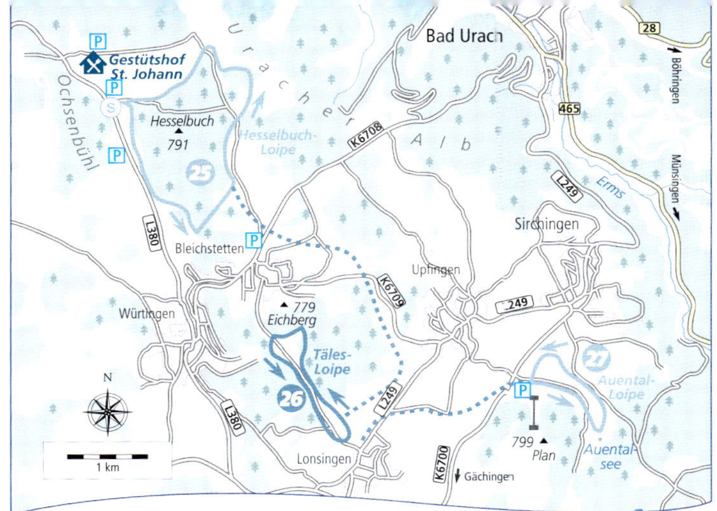

Tipp:

Was gibt es Schöneres, als an einem strahlend blauen Wintertag auf einer windgeschützten Bank zu sitzen und in die Sonne zu blinzeln? Und weil das Langlaufen hungrig und durstig macht, vergrößert ein Vesper aus dem Rucksack den Genuss. Nun wird es zwar dem Läufer in der Loipe warm, doch im Rucksack geht es eher frostig zur Sache. Warmer Tee braucht deshalb ein Thermosmäntelchen, denn in Plastik- oder Aluflaschen friert der Inhalt über kurz oder lang fest. Auch an Äpfeln, Bananen und Orangen kann man sich die Zähne verkühlen. Ideal sind deshalb Müsli-Riegel und belegte Brote.

Tour 27 Auental-Loipe

Eine leichte, nahezu ebene Loipe ohne sportliche Herausforderungen mit schöner Aussicht. Parallel zur Loipe gibt es eine Skating-Spur.

Streckenprofil: **3 km**
30 - 50 Minuten
Höhenmeter: 10 m

Loipenverlauf:
Mit ihren 3 km Länge ist sie die kürzeste der drei St. Johanner Loipen. Der Verlauf kann sich - je nach landwirtschaftlicher Nutzung der Felder und Wiesen – immer mal ein bisschen ändern.

Start ist am Skilift Beiwald zwischen Sirchingen und Gächingen. Von dort führt die Loipe zunächst am Verbindungsweg entlang und macht dann eine leichte Rechtskurve. Dann zieht sich die Spur leicht bergan, rechts gibt ein Wäldchen Windschutz.

Kurz bevor der Weg in den Wald führt, biegt die Loipe links am Waldrand ab und führt nun auf der anderen Seite der Lichtung wieder in Richtung Norden. Linker Hand erreichen wir nun bald den Auental-See.

Nun geht es leicht bergauf bis fast auf die Höhe der Verbindungsstraße mit schönen Blicken auf das Naturschutzgebiet Upfinger Ried und die Häuser von Upfingen. Links wartet nach einer kleinen Abfahrt bereits die Skihütte am Beiwald-Lift.

Wer eine heftige und anspruchsvolle Abfahrt nicht scheut, der kann nun über den nicht gesperrten Gemeindeverbindungsweg Sirchingen–Dottingen den Anschluss ans Dottinger Loipennetz suchen.
Doch Vorsicht: Die 200 m lange und rasante Abfahrt durch den Wald ist wirklich nur etwas für Könner und Mutige. Anfänger also bitte lieber abschnallen!

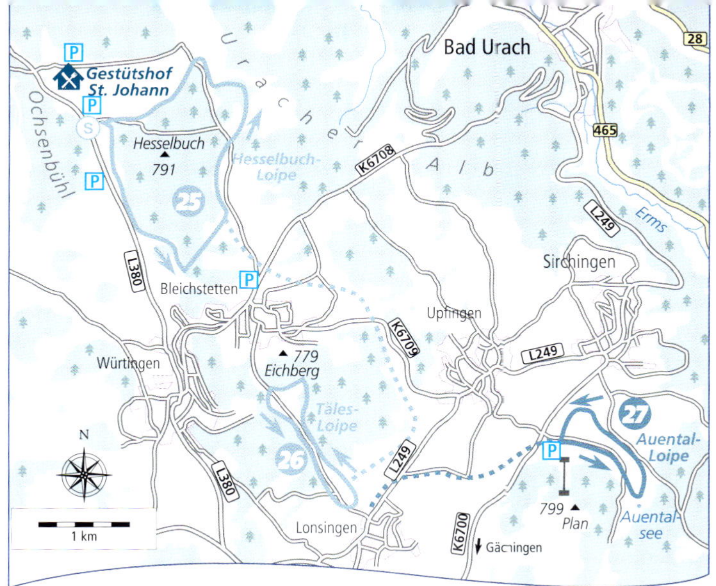

Tipp:

Beim Skilift Beiwald gibt es nicht nur eine Vesperhütte, sondern im ersten Stock auch ein kleines Skimuseum. Zu sehen sind dort traditionelle Holz-Ski mit Bindungen aus der Zeit von 1900 bis 1950, aber auch Schlitten und Schlittschuhe aus jener Ära, als sich Wintersportler noch mit Knickerbocker ins Tal schwangen. Aufgebaut wurde das Kleinod von Karl Müller aus Dettingen, seit seinem Tod 2005 wird es von seinen Söhnen Reinhold und Stefan fortgeführt. Während Karl Müller anfangs noch selbst nach historischen Wintersport-Geräten auf die Suche gehen musste, haben in den letzten Jahren viele Wintersportfreunde dem Museum historische Sportgeräte geschenkt. Dabei zeigt sich: Von Fassdauben, die mit Lederriemen an den Füßen befestigt wurden, bis zu den modernen Ski mit Sicherheitsbindung war es ein langer Weg.

Zu besichtigen sind die Exponate im Skimuseum zu den Öffnungszeiten des Skilifts und der Skihütte – bevorzugt am Wochenende.
www.skilift-beiwald.de, Telefon: 07122-3566